HĀM TIONG-KOK CHÒ CHHÙ-PIⁿ

與中國爲鄰

越南
謝維英 著

蔣為文 審訂　蔡氏清水·鄭智程·林美雪 合譯

Sống với Trung Quốc

TAEF

TRUNG TÂM NGHIÊN CỨU VIỆT NAM
國立成功大學　越南研究中心
NCKU Center for Vietnamese Studies

社團法人台越文化協會
Hiệp Hội Văn Hóa Việt Đài

台文筆會
Tâi-bûn Pit-hōe
Taiwanese Pen

國家圖書館出版品預行編目（CIP）資料

與中國為鄰 = Hām Tiong-kok chò chhù-piⁿ = Sống với Trung Quốc/
謝維英 (Tạ Duy Anh) 著；蔣為文，蔡氏清水，鄭智程，林美雪譯. --
初版 . -- [臺南市]：亞細亞國際傳播社，2021.11
　　　　面；　公分　　中、台雙語版
ISBN 978-986-98887-7-6(精裝)
1. 國際關係 2. 區域研究 3. 中越關係

578.193　　　　　　　　　　　　　　　　110017595

SỐNG VỚI TRUNG QUỐC 與中國爲鄰
HĀM TIONG-KOK CHÒ CHHÙ-PIⁿ

作者／　謝維英 (Tạ Duy Anh)

策劃／　國立成功大學越南研究中心 ・ 台灣亞洲交流基金會
　　　　台越文化協會 ・ 台文筆會

主編／　蔣為文

審訂／　蔣為文

編輯／　鄭智程 ・ 呂越雄

翻譯／　蔣為文 ・ 蔡氏清水 ・ 鄭智程 ・ 林美雪

校對／　林美雪 ・ 陳理揚 ・ 穆伊莉

出版／　亞細亞國際傳播社
　　　　http://www.atsiu.com
　　　　TEL: 06-2349881

公元 2021 年 11 月 1 日 初版
Copyright © 2021 by Asian Atsiu International
ISBN： 978-986-98887-7-6（精裝）

HĀM TIONG-KOK CHÒ CHHÙ-PI^{n}

與中國爲鄰

SỐNG VỚI TRUNG QUỐC

中文版目錄

台文版目錄

與中國為鄰大不易（中文版）

　　與中國為鄰的國家包括台灣在內，一共十幾個。其中越南是南邊陸地連接的鄰國，台灣則是東邊依海相接的另一國。自二戰以來的七十六年，台灣的經驗早已公告全世界，與中國這個國家為鄰既不幸也不易。台灣與中國為鄰的甘苦談，是每天的經驗，不是寫一本書就能說盡。

　　台灣的痛苦，台灣人清楚。但不知其他中國的鄰國是否也有同感？我們只有在中國邊界發生衝突時才會從媒體多少知道該國與中國存在的矛盾，例如 1979 年的中越邊界戰事和近年的中印邊界衝突。與中亞諸國、俄羅斯、北朝鮮的關係又是如何呢？雖然我們所知並不多，但從中國對待新疆維吾爾族的惡行看來，中亞穆斯林諸國顯然是會對中國看不順眼的。

　　當我知道蔣為文教授在進行翻譯和出版越南知名作家謝維英的《與中國為鄰》一書時，就相當好奇和興奮，很想一探書中如何訴說越南人民對中越關係的看法和憂心。謝維英在書中有一些驚人而生動的分析和控訴：

- 21 世紀中國最大的目標是併吞「南海」以及第一對手的越南。

- 堅定的民族主義趨向想要依靠民族精神排漢精神來表達對中國的堅定觀點。

- 我激烈地反對政府對中國遊行示威的鎮壓或對一些對中國有強硬觀點的 Blogger 打壓的處理方式。

- 與中國發生一場戰爭這件事是我們須找各種方法避免的首務。中國本身也必須對自己的鄰居做相同的事,除非他們盲目地幻想關於中國的力量或者北京領導階層中有人老喜歡跟歷史賭一賭。

- 今日的敵人帶著朋友的面貌,甚至還是有共同理想目標,經常用屬於最禮貌的外交語言討好、撫摸安慰妳的人。越南從未像現在一樣處在大規模和全面地被侵略。

- 中國是越南人從古代到永恆最大的擔憂。法國人、日本人和最後的美國人只是間斷了這主要擔憂的隨機因素。

- 中國一直引用歷史海域為他們想佔領南海的理由當藉口。

- 中國自認自己是世界的中心,這既是一種文化的誇張,是一大民族精神自豪感,但同時也開始持續了數千年還沒找到出路的中國悲劇。

- 中國試圖以「和平崛起」的戲碼騙過美國,等美國陷入困境,他們才露出真面目。

- 中國將會以「恐嚇」為主,想辦法施壓、收買、巴結、欺負等,使南海有關的國家陷入困境,而不得不接受中國提出的條件以尋求他們妥協的方式。

- 如果沒有美國,中國恐怕不僅併吞了南海,而且從很早就已經想辦法統治世界了。

- 中國一邊利用《南海行為準則》合約，等到達成其目的後又撕毀《南海行為準則》合約以便繼續耍花招。我們必須清醒、警惕才不會落入他們的陷阱。

- 祖先為我們所留下的一切是一個清晰的疆域，一個相對和平及一個寶庫的經驗以致長存，我們不能給將來留下一個比較差的遺產。

- 為了達成此事(繼續在中國旁邊安穩生活)沒有其他的選擇比為了動員與發揮全民族的各種力量而建設一個真正的民主的社會的道路更好。

　　這是一本有血有肉的見證，一本越南愛國知識份子在看清中國歷史和當代野心後，寫下的證言：與中國為鄰大不易。

　　　　　　　　　總統府資政、台灣亞洲交流基金會董事長

Hām 中國做厝邊眞正無簡單（台文版）

Hām 中國做厝邊 ê 國家包括台灣在內，lóng 總有 10 幾個。其中越南是南 pêng kap 中國陸地相接 ê 厝邊，台灣是東 pêng 過海相接 ê 另外一國。自 2 戰到 taⁿ 76 冬，台灣經驗早 tiȯh 已經公告全世界，hām 中國 chit-ê 國家做厝邊確實真不幸 mā 真無簡單。台灣 kap 中國做厝邊 ê 苦甘話，是 tȧk-kang ê 經驗，m̄ 是 kan-ta 寫一本冊 tiȯh 會當來講透枝。

台灣 ê 痛苦，台灣人 siōng 清楚。但是 m̄ 知其他中國 ê 厝邊 kám 是 iā kap 咱有 kāng-khoán ê 感覺？咱 kan-ta 會 tī 中國邊界發生衝突 ê 時 chiah 會 ke 減 ùi 媒體知道彼國 kap 中國所存在 ê 矛盾，親像 1979 年 ê 中越邊界戰事 kap 近年 ê 中印邊界衝突。Kap 中亞國各國、露西亞、北朝鮮 ê 關係 koh 是 án-chóaⁿ 發展？雖 bóng 咱知影 ê 無 chē，但是 ùi 中國對待新疆維吾爾族 ê 惡行看來，中亞穆斯林各國 tiāⁿ-tiȯh mā 是看中國真 chhȧk 目。

Tng-tong 我知道蔣為文教授 teh 進行翻譯 kap 出版越南知名作家謝維英 ê《與中國為鄰》這本冊 ê 時，就真歡喜 kap 好奇，真想 beh 知影冊內是 án-chóaⁿ 講越南人民對中越關係 ê 看法 koh 有越南人 ê 煩惱是 siáⁿ-mih。謝維英 tī 冊內有 1 kóa 驚人 koh 斟酌 ê 分析 kap 控訴：

- 21 世紀中國 siōng 大 ê 目標是 beh 併吞「南海」kap 第一對手 ê 越南。

- 堅定 ê 民族主義趨勢，óa 靠民族精神 kap 排漢精神來表達對中國 ê 堅定觀點。

- 我激烈反對政府對中國遊行示威 ê 鎮壓 iā 是 1 kóa 對中國有強硬觀點 ê Blogger 打壓 ê 處理方式。

- Kap 中國發生一場戰爭這件代誌是咱必須 ài chhōe 盡方法避免 ê 第一任務。中國本身 mā tiòh ài 對家己做 kâng-khoán ê 代誌，除非 in teh 眠夢有關中國 ê 力量 iā 是北京領導階層內底有人佮意 kap 歷史 poàh-kiáu。

- 今仔日 ê 敵人假做親像朋友 kâng-khoán，甚至 koh 有共同 ê 理想目標，tiāⁿ-tiāⁿ 用好禮 ê 外交語言 kāq 你 àn-nāi、kā 你安搭。越南在來 m̄-bat 像 chit-má kâng-khoán 規模 chiah 大，koh 全面性去 hō͘ 人侵略過。

- 中國是越南人 ùi 古早到未來 siōng 大 ê 擔憂。法國人、日本人 koh 有 siōng 尾 ê 美國人 kan-ta 是 phah 斷這 chân 主要擔憂 ê 隨機因素。

- 中國一直引用歷史海域 chiâⁿ 做 in 想 beh 佔領南海 ê 理由當做藉口。

- 中國家己認定家己是世界 ê 中心，che 是一種 hàm-kó͘ ê 文化表現，mā 是 in 民族精神 ê 驕傲感，但是 siāng-sî mā 開始 in 延續 chiâⁿ 千冬 iáu chhōe 無出路 ê 中國悲劇。

- 中國 teh 演「和平崛起」ê 戲來 kā 美國騙，等美國 poàh 落深坑內，in chiah 會假面模提掉。

- 中國會以 heh 驚為主，想辦法施壓、收買、巴結、欺負等，hō͘ kap 南海有關係 ê 國家 làk 落深坑了，不得已一定 ài 接受中國提出 ê 條件換做 in 妥協 ê 方式。

- Nā 是無美國，中國恐驚仔 m̄-nā 已經 kā 南海食掉，而且真早 chiū 已經想辦法統治世界 ah。

- 中國 1 pêng 利用《南海行為準則》合約，等到達成伊 ê 目的了 chiū 破害《南海行為準則》合約，繼續 lāng 花招。咱 tiòh ài 清醒、有危機意識，chiah bē làk 落中國所設 ê 陷阱。

- 祖先 ūi 咱所留落 ê 一切是一塊清明 ê 土地界線，1 ê 相對和平 kap 珍貴 ê 經驗寶庫，hō͘ 咱有路通行，咱 bē-tàng 留 hō͘ 未來 1 ê koh-khah bái ê 遺產。

- Ūi-tiòh beh 達成這件代誌（繼續 tī 中國邊仔安穩生活）無其他 ê 選擇會比動員 kap 發揮全民族 ê 各種力量來建設 1 ê 真正 ê 民主社會這條路 koh-khah 好 ah。

這本冊是一本有血有肉 ê 見證，一本越南愛國知識份子 tī 看清中國歷史 kap 當代 ê 野心了，落筆所寫 ê 證言：Hām 中國做厝邊真正無簡單。

總統府資政、台灣亞洲交流基金會董事長

鄰居是中國（中文版）

　　台灣有句俗諺「遠親不如近鄰」，但如果近鄰是惡鄰，那就會成為長年的夢魘。在越南數千年歷史之中，中國一直是越南擺脫不了的惡夢。曾經從軍，如今是作家的謝維英，從越南與中國的歷史、東海的國際情勢（中國稱南海）、以及中國可能的行動與越南的抉擇等三部分，宏觀分析越南與中國的關係發展。

　　作者具體點明中國真實的面貌：「今日的敵人常帶著朋友的面貌，甚至還是有共同理想目標……。今日的敵人帶來一種感覺是信任的依賴、共存和共同發展，一起為一個偉大的目標嚮往。……我們必須立即彼此確認的是，中國是越南人從古代到永恆最大的擔憂。」即便中國對越南稱兄道弟，但越南人不會因此鬆懈對中國的警戒之心，對越南而言，「漢族」侵略越南的數千年來的野心不曾停歇；特別是，作者直指中國從未像今日對自己的力量這麼自信與傲慢，毫不隱瞞對越南領土的野心，特別是在越南的東海議題上。作者慶幸，生命力堅強的越南力抗中國數千年，仍未被漢化；他也驕傲地表示，越南曾經被中國殖民一千年，但仍然作為一個民族生存下來。

　　謝維英具體指出中國對越南的威脅，也點出全球國際關係合縱連橫對越南的影響。曾是軍人的謝維英，以戰略角度來分析越南與中國為鄰而陷入的險境。中國人自認是世界的中心，但北邊的俄羅斯，東邊的日本與美軍，西南邊的印度，都是中國擴張勢力的屏障；唯一的南方出口，即越南的東海（中國稱南海）就是當代全球角力的海域。當中國想轉向南方擴張時，卻遇到頑強的越南；因此，越南就是中國

往南前進的絆腳石。越南這個戰略位置成為了命運的樞紐，越南與中國之間，數千年來一直從沒有真正友好過。

　　台灣和中國僅隔海峽為鄰，同樣也面對中國強大的威脅。不同的是，台灣有不少人無法像越南人一樣看清楚中國的本質。謝維英強調，中國的政治總是刻意隱藏對世界威脅的野心，因為中國仍然是崇拜霸道的政治，本質上是殘暴的、黑暗的政治。作者說，中國將會以「恐嚇」為主，施壓、收買等等為輔，使得越南東海周邊國家陷入困境，接受中國提出的條件。中國的野心不只是影響周邊國家，作者警告，大家必須以越南歷史為鏡，在大漢擴張主義之下，沒有任何地理界限可以滿足中國的慾望，若全球不試圖阻止，在到達月球之前，中國的下一個目標是美國。為了遏阻中國的野心，越南期望能盡快成為一個全球價值鏈中的成員。對抗惡鄰中國，越南有決心；面對惡鄰中國，台灣能否看清！？

想想論壇主編

厝邊是中國（台文版）

　　台灣有一句俗語講「遠親不如近鄰」，m̄-koh 若近鄰是 pháiⁿ 厝邊，he tō 會變做是長年 ê 驚惶。越南數千冬 ê 歷史內底，一直無才調 kā póe hō͘ lī ê 惡夢 tō 是中國。Bat 做兵過，現此時是作家 ê 謝維英，ùi 越南 kap 中國 ê 歷史、東海 ê 國際情勢（中國叫做南海）、hām 中國可能 ê 行動 kap 越南 ê 選擇 chit 三 ê 部份，用 khah 闊 ê 角度分析越南 kap 中國 in 關係 ê 發展。

　　中國 ê 盧山真面目，作者具體 kā 講明：「現今 ê 敵人 tiāⁿ-tiāⁿ kek chit-ê 朋友款，甚至 koh 有共同 ê 理想目標......。現今 ê 敵人 hō͘ lán 有一款感覺 tō 是互相信任倚靠、chò-hóe 生存 kap tàu-tīn 發展，ǹg chit-ê 偉大 ê 目標 tàu-tīn kiâⁿ。......Lán ài sûi 互相確認 ê 是，中國自古早到永遠 lóng 是越南 siōng 大 ê 煩惱。」Tō 算中國對越南 án-ne 你兄我弟，m̄-koh 越南人 bē án-ne tō 對中國無 kā 持防。對越南來講，數千冬 ah，「漢族」侵略越南 ê 野心 m̄-bat 歇喘過；特別是，作者直接講中國 m̄-bat chhiūⁿ 現今 án-ne 對 ka-tī ê 實力 chiah-nī-á 自信 kap hiau-pai，對越南領土 ê 野心 lóng 無 leh am-khàm，特別是 tī 越南東海 ê 議題 chit-tah。作者萬幸講，生命力堅強 ê 越南對抗中國數千冬，iáu 無 hông 漢化；i mā chiâⁿ 驕傲 leh 講，越南 bat hō͘ 中國殖民一千冬，總是猶原 chiâⁿ-chò chit-ê 民族 kā 生存落來。

　　謝維英具體 kā 中國對越南 ê 威脅指出來，koh 全球 ê 國際關係這款合縱連橫 ê 外交、軍事 ê 政策對越南 ê 影響 kā 點出來。Bat 做過軍人 ê 謝維英，用戰略 ê 角度 leh 分析越南 kap 中國做厝邊會陷落 ê 險境。

中國人 kā ka-tī 當做是世界 ê 中心，m̄-koh 北 pêng ê 露西亞，東 pêng ê 日本 kap 美軍，西南 pêng ê 印度，lóng 是中國 hùn 大勢力會 kā 擋 tiâu ê 所在；唯一 ê 南 pêng chit ê 出口，tō 是越南 ê 東海（中國叫做南海）是當今全球 leh 比力 ê 海域。Tng 中國想 beh oat tùi 南 pêng hùn 大 ê sî-chūn，soah tñg tio̍h giám-ngē 的越南；só-pái 中國 beh ǹg 南前進，會 kā i 纏跤絆手 ê tō 是越南。越南 chit ê 戰略位置 chiân-chò i 運命足重要 ê 關鍵，數千冬 ah，越南 kap 中國 in 一直 m̄-bat 真正做朋友過。

台灣 kap 中國 kan-ta 隔一條海峽 leh 做厝邊，sio-kâng ài 面對中國大 ê 威脅。Kap 越南無 kāng-khoán ê 所在是，台灣有 bē-chió 人無法度 chhiūⁿ 越南人 án-ne kā 中國 ê 本質看 hō͘ 清楚。謝維英強調，中國 ê 政治是對世界威脅 ê 野心 tiāⁿ-tiāⁿ 刁工 kā ng-iap 起來，因為中國猶原是崇拜壓霸 ê 政治，本質是粗殘、黑暗 ê 政治。作者講，中國主要會用「恐嚇」，配合用施壓、買收 chia ê 步數，hō͘ 越南東海 chia 四邊 ê 國家 in 有不利 ê 情勢，致使去接受中國提出 ê 條件。中國 ê 野心 m̄-nā 是影響四周圍 ê 國家，作者警告，ta̍k-ke ài 用越南 ê 歷史當做警覺，tī tāi 漢擴大主義 ē-kha，無 toh chit-ê 地理界限 ē-sái hō͘ 中國 ê 慾望飽足，若全世界無試講 beh kā 阻擋，án-ne 去到月球進前，中國後 chit-ê 目標 tō 是美國 ah。Beh ài kā 中國 ê 野心擋 leh，越南 chiah ǹg 望 ē-tàng khah 緊 chiâⁿ-chò 全球價值鏈內底 ê 成員。對抗中國 chit ê pháiⁿ 厝邊，越南有決心；面對中國 chit ê pháiⁿ 厝邊，台灣 kám 看會清！？

想想論壇主編

近鄰不如遠親（中文版）

　　依照林媽利醫師透過血液的 DNA 基因研究，台灣人和越南人的血緣關係遠比台灣人和中國人的血緣關係還來得密切。意即台灣人和越南人在古代應有一定的親戚血緣關係。不僅台越在古代是親戚，在當代更是姻親關係，當代台灣有十萬戶是台越通婚的家庭。近年來台越之間的文化與文學交流非常熱絡也讓兩國雙方的國民外交越來越密切。相形之下，中國雖然在地理上離台灣很近，但在情感上卻離台灣很遠。試問，有誰會對一個每天用軍機、軍艦及飛彈威嚇台灣的流氓國家存在虛偽的好感？

　　謝維英(Tạ Duy Anh 1959~)為越南知名作家，曾出版十幾本著作並獲文藝報及軍隊文藝雜誌文學獎等獎項。這本書《與中國為鄰》可視為當代越南知識分子如何看待越中關係及東南亞海議題的代表性觀點。越南與中國之間的恩怨情仇長達二千多年。每當中國改朝換代之後必定出兵攻打越南，而越南總是憑藉其抗中決心及善用地理優勢趕走中國軍隊而維持民族獨立地位。譬如，號稱「十全老人」的清乾隆皇帝曾派二十萬大軍攻打越南，沒想到卻遇到越南的英雄阮惠領兵抵抗，結果清軍慘敗、死傷超過十萬人，康熙帝最後只得承認越南的獨立地位。

　　我相信，越南不只是我們的遠親，更是我們面對中國霸權欺負下學習如何自立自強的好榜樣！

成大台文系主任

歹厝邊 Khah 輸草地 Chhin-chiâⁿ

（台文版）

　　Nā 照林媽利醫師透過血液 ê DNA 基因研究，台灣人 hām 越南人 ê 血緣關係比台灣人 hām 中國人 ê 血緣關係 ke 真密切。Iáh 就是講，台灣人 hām 越南人 tī 古早應該有一定 ê chhin-chiâⁿ 血緣關係。M̄-nā 台越 tī 古早是 chhin-chiâⁿ，tī 目前 mā 是姻親關係，當代台灣有十萬戶是台越通婚 ê 家庭。Chit kúi 年來台越之間 ê 文化 hām 文學交流真鬧熱 mā hō͘ 兩國雙方 ê 國民外交 lú 來 lú má-chih。對照之下，中國 sui-bóng tī 地理上離台灣真近，m̄-koh tī 情感上 soah hām 台灣離真 hn̄g。借問，有 siáng 會對一个逐工用軍機、軍艦 hām 飛彈 khióng-hat 台灣 ê 流氓國家存在假情假意 ê 好感？

　　謝維英(Tạ Duy Anh 1959~)是越南有名 ê 作家，bat 出版十 kúi 本冊 koh 得過文藝報 hām 軍隊文藝雜誌文學獎等賞項。Chit 本冊《Hām 中國做厝邊》ē-tàng 看做當代越南知識分子 án-chóaⁿ 看待越中關係 hām 東南亞海議題 ê 代表性觀點。Ùi 歷史來看，越南 hām 中國之間 ê 歷史恩怨有二千外冬。Piān 若中國改朝換代一定會出兵 phah 越南，ah 越南總是藉 tióh in 抵抗中國 ê 決心 kap 善用地理優勢趕走中國軍隊 chiah 維持民族獨立地位。像講，號稱「十全老人」ê 清乾隆皇帝 bat 派二十萬大軍 phah 越南，想 bē 到 soah 遇 tióh 越南 ê 英雄阮惠領兵抵抗，結局清軍慘 kah 塗塗塗、死傷超過十萬人，康熙帝路尾 ko͘-put-chiong tióh 承認越南 ê 獨立地位。

　　我相信，越南 m̄-nā 是咱 ê 草地 chhin-chiâⁿ，koh khah 是咱面對中國鴨霸欺負之下學習自立自強 ê 好模樣！

成大台文系主任

作者台灣版序（中文版）

親愛的台灣讀者！

即使只有一次以觀光客的身分來到台灣，但我已經及時了解為何全世界會如此地敬愛與尊重你們了。

在很寧靜的街道散步或是從台北搭高鐵南下的時候，與非常好客、禮貌以及善良的台灣人相遇、聊天；當時，我滿腦想的都是你們台灣人如此深愛和平。只有熱愛和平的人才擁有很多創造靈感、工作靈感、為自己國家以及為這世界愈來愈美好奉獻的靈感。

雖然我們都知道這世界上還有許多地方被強權、傲慢以及政治體制或理論的黑暗影子籠罩著，但我們沒有仇恨和冷漠，而以足夠的寬容，耐心地告訴他們說，沒有任何事情可以阻擋自由的光芒，正因為如此，沒有任何事情可以阻擋人們捍衛自己的尊嚴。

你們手上拿著我這本書，正是我跟大家說話的方式。那就是，我們，不論弱或強，就算手裡有核彈拿出來炫耀還是只習慣請彼此一杯奶茶，都需要想辦法如何在和平中一起生存和繁榮，而不是如何一起死！因為我們都是平等、擁有同樣的生存權利。就像尊嚴一樣，這是不能讓步的權利。

只可惜，由於我的才疏學淺，因此很多時候，我無法說盡自己的想法，或者無法想透自己的所見。

這本書可以在台灣讀者面前呈現，首先我想要提到的名字是蔣為文教授。他在越南非常受仰慕，身為這本書的作者，我只能說我非常

感謝蔣教授。

　　在準備翻譯以及於台灣出版這本書的工作過程中，呂越雄先生是常常跟我聯絡的人，他認真工作的態度讓我還要向他學習並為我留下深刻的印象。這是我對他表達自己佩服的機會。

　　透過這本書的翻譯，我與蔡氏清水、鄭智程及林美雪三位譯者接觸，第一次讓我了解到，很多時候，作者是被譯者啟蒙。這感覺是完全真摯的。感謝你們的專業以及你們對文學無限的熱愛。

　　最後，非常感謝亞細亞國際傳播社以及全體曾協助出版事務的朋友與關心這本書的讀者。

Tạ Duy Anh（謝維英）

Hà Nội tháng 7 năm 2021（河內 2021 年 7 月）

作者台灣版話頭（台文版）

敬疼 ê 台灣讀者：

　　雖罔我 kan-ta 有一 pái 是用觀光客 ê 身份來台灣，m̄-koh 我 tō sûi 了解講 sī-án-chóan 全世界會 án-ne hiah-nī kā lín 敬疼 kap 尊存。

　　M̄-koán 我是 tī chiân 靜 ê 路 leh 散步 ah-sī ùi 台北坐高鐵落南，我 kap tng--tiȯh-ê chiân 好客、好禮 kap 良善 ê 台灣人 leh 開講 hit-chūn，kui 頭殼想 ê lóng 是 lín 台灣人 hiah-nī-á 愛和平。Tō kan-ta 是愛和平 ê 人 chiah ē-tàng 有 hiah chē 創作 ê 靈感、khang-khòe ê 靈感、替 ka-tī ê 國家 kap chit ê 世界 thang 愈來愈好 leh 奉獻 ê 靈感。

　　雖罔 lán lóng 知影世界 iáu 有真 chē 所在 hō͘ 壓霸、強權 kap 有 kóa 政治體制 ah-sī 理論 chia ê 烏暗勢力圍 tiâu leh，總是 lán 無仇恨、無 kek tiām-tiām，是用夠額 ê 寬容、有耐性 leh kā in 講，無任何 ê 代誌有法度 kā 自由 ê 光 chah leh，iā tō 是 án-ne，無任何 ê 代誌 thang 阻擋 lán 固守 lán ka-tī ê 尊嚴。

　　Lín 手頭 thȯh--ê chit 本冊，tō 是我 beh kā tȧk-ke 講 ê 話。He tō 是，lán，m̄-koán 是強 ah-sī 弱，tō 準講手頭有核彈 kā thȯh 出來展 ah-sī kan-ta 慣勢講相請一杯牛奶紅茶，lóng ài 有法度講 tȧk-ke beh án-chóan ē-tàng 和平 leh tàu-tīn 生活 kap 發達，m̄ 是 leh 講 beh án-chóan chò-hóe 死！因 為 lán lóng 是平等 ê、平平 lóng 有生存 ê 權利。Tō chhiūn 講尊嚴 kāng-khoán，是無法度讓手 ê 權利。

　　我 khah 失禮，tō ka-tī ê 學問無飽，m̄-chiah 有真 chē sî-chūn，我無

法度 kā ka-tī ê 想法講 hō͘ 夠額，àh-sī kā 看 tiòh--ê 想 hō͘ 徹底。

Chit 本冊 ē-sái tiàm 台灣讀者 ê 面頭前呈現，代先我想 beh 講 tiòh ê 人是蔣為文教授。I tī 越南 hō͘ 人 chiân kā 仰慕，做 chit 本冊 ê 作者，我 kan-ta ē-sái 講我足感謝蔣教授。

Leh 備辦翻譯 kap tiàm 台灣出版 chit 本冊 ê khang-khòe 內底，tiān-tiān hām 我連絡 ê 人是呂越雄先生，i 做 khang-khòe ê 態度 téng-chin，che 我 ài koh ǹg i 學習 mā hō͘ 我有真深 ê 印象。Che 是 hō͘ 我有一 ê 機會 thang 表達對 i ê 欽佩。

通過 chit 本冊 ê 翻譯，我 kap 蔡氏清水、鄭智程 hām Lîm Bí-soat 三位譯者 chih-chiap，頭一 pái hō͘ 我了解講，kài chē sî-chūn，是譯者 leh kā 作者啟示。Chit 款感覺是正港至真至誠 ê。感謝 lín ê 專業 kap lín 對文學無限 ê 熱愛。

尾手，chiân 感謝亞細亞國際傳播社 kap bat tàu-saⁿ-kāng 出版事務 ê 所有朋友 hām 關心 chit 本冊 ê 讀者。

Tạ Duy Anh（謝維英）

Hà Nội tháng 7 năm 2021（河內 2021 年 7 月）

作者原版序（中文版）

古人曰:「國家興亡，匹夫有責」。面對江山的興亡，失學之人還會負責任，更何況是一個多多少少也讀過幾頁聖賢之書的人。

我個人有三個可以來書寫這專論的資格，就是:越南的老百姓、本身是越南的戰兵以及是越南的知識分子。

我依據以下的觀點為基礎:

- 21 世紀中，中國最大的目標是併吞東南亞海[1]以及第一對手的越南。
- 越南是個較小的國家因此始終需要和平、安穩地生活在中國旁邊。但同樣的，中國也需要安定境界，尤其是南方的關隘，是越南在作戰中具有地理位置優勢之處。
- 在東南亞海上中國與越南之間的全力一戰，對結局來說，將會不分勝敗但會是兩國的災禍。越南和中國都需要和平。

我相信:

- 上策是如何與中國和睦相處同時仍保住領土的主權以及精神的主權（包括政治、文化、生活方式等）。
- 下策是必須選擇戰爭，即使長期或短期，其後果尚未全盤可知，但可預見的是，由於有共同的邊界，經過流血、狼藉之-劇民族的仇恨，是將會留給子孫長期後果的事情。

---

[1] 譯者註:作者原著為「東海」。越南稱其為東海，意指位於越南東邊的海洋。中文世界常用「南海」來指稱。近年來國際上也有人主張用中性的語詞「東南亞海」。本書採用中性語詞。

- 最下策是對戰爭太恐懼所以只好受辱讓敵人宰割疆域、逐漸吞噬領土、殺害百姓。

這本書分為三部分：越南與中國之間競合關係的本質；東南亞海和一些可能發生的衝突，以及中國行動的預測及越南的可能回應。

我受到許多人的想法分享和鼓勵，尤其是對國家命運充滿熱情的年輕人和憂心的同事，但由於許多原因而使他們無法像我一樣可以自由發表自己的觀點。我要將這本書贈送給他們。

我希望連中國人也要看這專書。

稱呼「我們」是指越南人民，而不僅僅是任何的社會集體。

也許我個人所思考以及寫出來的只是一些沒用的胡說八道、淺見或是已廣為人知的事情，沒人要看。但我並不會因此而灰心，因為這是我對國家，一個從未脫離貧窮、不過是唯一我可以生存和死亡的國家之心意。我不需隱瞞地說，這本書寫到最後一字時，我仍擺脫不了一直疑惑未解的感覺。

Tạ Duy Anh（謝維英）

作者原版話頭（台文版）

　　古早人講：「國家興亡，匹夫有責。」面對江山 ê 興亡，冊讀無 chē ê 人 to 會去擔責任 ah，mài 講是 chē-chió 有讀過 tām-poh-á 四書五經 ê 人。

　　我本身有三項資格 ē-sái 來寫 chit 本專冊，tō 是：越南 ê 百姓、本身是越南 ê 戰兵 kap 是越南 ê 知識份子。

　　我 liah ē-kha ê 觀點做基礎：

- 21 世紀中期，中國 siōng 大 ê 目標是 beh kā 東南亞海 kap[1] 第一對手 ê 越南拆食落腹。
- 越南比較是一 ê khah 細 ê 國家，所以 khiā tī 中國 ê 邊 á，i 需要和平、在穩 leh 生活。Sio-kâng，中國 mā 需要安定，特別是南 pêng ê 邊關，是越南 leh 相戰 hit-chūn 有 khiā tī 地理 chit 位 ê 優勢。
- 中國 kap 越南雙方 tī 東南亞海全力相戰，尾局來講會無分輸贏，m̄-koh 會變做是二國 ê 災禍。越南 kap 中國 lóng 需要和平。

　　我相信：

- 上策是 beh án-chóaⁿ kap 中國 saⁿ-kap 和睦，siâng-sî 猶原 kā 領土 hām 精神 ê 主權保 hō͘ tiâu（包括政治、文化、生活方式 chia--ê）。

---

[1] 譯者註：作者原著是「東海」。越南講做東海，意思是講 i tī 越南東 pêng ê 海洋。中文世界 tiāⁿ 用「南海」來稱呼。Chit 幾冬國際上 mā 有人主張用中性 ê 語詞「東南亞海」。本冊採用中性 ê 語詞。

- 下策是 ài 去選擇戰爭，tō 算是長期 ah-sī 短期，i ê 後果 iáu 無法度知，m̄-koh lán thang 看見講二 pêng 有共同 ê 邊界，雙方戰 kah 流血流滴了後，猶原 koh tńg-khì 自底 hit 款 ê 衝突。Iáu khah 危險 ê 是，án-ne 會繼續加重民族 ê 仇恨，che 是會留 hō͘ kiáⁿ-sun 長期 ê 後果 ê 代誌。

- Siōng 下策是對戰爭 siuⁿ 過頭驚，只好 peh-phòa-bīn 據在敵人 táuh-táuh-á kā lán ê 領土拆食落腹、屠殺百姓。

Chit 本冊分做三部份：越南 kap 中國 in 關係 ê 本質；東南亞海 hām 一寡 hoān-sè 會發生 ê 代誌 kap 中國行動 ê 預測 hām 越南 ê 選擇。

有 chē-chē 人 ê 想法分享 hō͘ 我、鼓勵我，特別是對國家 ê 運命充滿熱情 ê 少年人 kap 操煩 ê 同事。總是有 chē-chē 原因致使 in 無法度 chhiūⁿ 我 án-ne，ē-sái 自由發表 ka-tī ê 看法。我 beh kā 這本冊送 hō͘ in。

我 ǹg-bāng kòa 中國人 mā tioh 看 chit 本專冊。

稱呼「lán」是 leh 講越南人民，m̄-nā kan-ta 講任何 ê 社會集體。

無 tiāⁿ 我個人思考 ê kap 寫出來 ê kan-ta 是一寡淺見、ka-tī leh 練痟話 ah-sī 已經通人知 ê 代誌，無人 beh 看。總是我 bē án-ne tō 餒志，因為 che 是我對國家，一 ê 透世人 m̄-bat 好額過、khiok-sī 我唯一 ē-sái 生存 kap 死亡 ê 國家 ê 心意。論真講，chit 本冊寫到 siōng 尾一字 hit-chūn，我猶原無法度抽脫 chit 款懊疑無才調解 ê 感覺。

Tạ Duy Anh（謝維英）

第一部分
越南與中國之間關係的本質

從宋朝對大越[1]的侵略算起，到 1979 年，最短的間隔是 200 年，最長是將近 400 年（平均約 250 年），漢人又主動跟越南起干戈。這些全部都是為了併吞領土，將越南成為他們的郡縣之目的。如果這時間的頻率成為規律的話，那麼我們正在與中國處於和平時期。

不過沒有任何事情可以給這判斷做保證。

我一直感到我們剩下太少時間為一個與中國新的衝突做對抗與準備，其超越上述的頻率規律以及殘酷的程度。換句話說，對於現在的中國，所有事情都很難防範和預測的。因此我們需要動腦提出一個對策，該對策確保長久生存在中國旁邊而不會失去領土的主權（眼前這主權是不會再失去，因為中國目前已佔領我們的西沙群島[2]）和政治的主權。

近年來，除了政府可以說出口的觀點：「避免影響到越南與中國之間的關係大局的行動」之外，從海外和國內的民眾中凸顯出一些以下的趨勢：

主戰趨向想要越南立即派軍，具體是派軍艦、飛機來應對中國對越南漁民殺害、掠奪、欺負等行為的實現，一旦有機會的時候會用武力奪回西沙群島及被中國在南沙群島[3]所佔領的區域。該趨向也立即向現在的政府定下軟弱、賣國、當中國的走狗之罪並要求政府將國家領導權讓給其他勢力。在還無法指出其他勢力是哪種勢力之時，該趨向

---

[1] 譯者註：大越（Đại Việt）是越南之前的國號，存在於兩個階段，第一階段從 1054 年至 1400 年（李聖宗 Lý Thánh Tông 朝代），第二階段是 1428 年至 1804 年（黎太祖 Lê Thái Tổ 朝代）。

[2] 譯者註：西沙群島在越南語裡稱為 Hoàng Sa，直譯為黃沙。

[3] 譯者註：南沙群島在越南語裡稱為 Trường Sa，直譯為長沙。

的追隨者可能已經忘記了 1974 年落入中國手裡的西沙群島是來自越南共和國[4]（Việt Nam Cộng hòa）的控制，其是當時美國的第一同盟，使越南人民的 60 位海軍士兵在敵人極度野蠻的快感下冤枉地被開槍殺害。在大朋友美國的龐大艦隊位於幾十公里之外且有許多現代的武器之條件下，如果越南人（而具體的是當時越南共和國的政府）要派軍奪回西沙群島那就再好不過的機會了。這個事實，如一些人所認為那樣，跟現在政府被認為是軟弱的政策是兩個不一樣的問題，而每個問題都必須在歷史面前加以澄清、詳細、公平的交代。

堅定的民族主義趨向想要依靠民族精神、排漢精神來表達對中國的堅定觀點。這趨向的限制是在政治、外交方面上對中國公開地敵對，甚至如果需要的話就中斷邦交，為一個進行軍事反抗做好準備。這趨向會對政府施壓，要政府必須立即用行動和言語很清楚地表達對中國的反抗。

如果經過許多事之後，早上一睜開眼睛我們已不再是中國的鄰居，那麼就沒有必要多討論什麼了。

其實在已故總書記黎筍的時代之下，越南與中國之間的關係是這趨向最明顯的體現，而對峙的最高潮是 1979 年的邊界戰爭，理論上該戰爭持續了 30 天但事實上必須花 7 年多的時間才結束流血，留下一個枯竭的經濟和瘡痍的邊界。那是還沒將仍在國家機密中上萬人的人命損失也算在內！

緩和的民族主義趨向想要越南在政治、外交方面上獨立於中國讓越南可以與在東南亞海上有共同戰略利益國家的同盟關係自主，而美

---

[4] 譯者註：指南北分裂時的南越政權。

國是第一位，使中國不敢憑藉強大來侵犯而必須選擇友好和平等。另一方面，政府需要脫離作為默認、很荒謬的社會主義之意識形態，以區域中一些發展國家為榜樣，盡快民主化國家，提昇民族的力量，可以集合所有的團體，進而將越南成為一個經濟、軍事的強國等等。到那時候，與中國的和平就會自然而然地被建立並有穩定的基礎和有機會收復那些被中國非法佔領的領土。

近年來，有關知識分子、人士、工農兵等的一系列建議、宣布等都是跟遵循這趨向。與之同時而來的是，當中國在東南亞海上惹事的時候，兩個大城市的人民遊行的浪潮紛紛湧上街頭，舉高反對中國的標語。

這是越南遲早也必須選擇的趨勢，因為在很多方面上，其具有符合民族最多利益以及發展的必要性。然而在處理一些關鍵的問題時，為了保持鎮定狀態，仍有緊張，缺乏足夠的冷靜和理智的冷酷。正是如此很多對國家充滿責任、出發於對社稷的抱負之思想則被套入在一種只在諷刺、辱罵、蔑視時使用的語言包裝，使其失去對話性，真可惜。此外，由於受到挫敗感的影響，很多真誠的意見被大家誤解，導致其作者被殘忍地埋沒，也導致失去原本知識分子階級應該要做為榜樣來維持的互相尊重和討論之氣氛。[5]

---

[5] 我想提到 2012 年 11 月 4 日黎永張（Lê Vĩnh Trương）先生在胡志明市法律報（báo Pháp luật）上接受採訪時回答的情況（在此之前，是吳寶珠（Ngô Bảo Châu）教授的文章）。張先生，在正統報紙的框架內，能夠提出這些通牒是非常努力的，實際上，自 1991 年以後是還沒有前例的。若每個人都更加清醒、更加深思熟慮，他不應該像所發生的那樣被「丟石頭」。我同意楊名輝（Dương Danh Huy）先生的冷靜評估。對張先生丟石頭的人們忘記了一個事實是：由於長期被洗腦，數百萬人，需要知道越南與中國之間的關係的現實以及國家其他重要事

　　對我個人來說，近年來，先是一部分人民與河內和胡志明市的政府，後來是與越南政府之間發生的是一場民族的悲劇。當敵人正在覬覦生吞活剝祖國的領土時，民族內部卻被分散。我激烈地反對政府對遊行示威的鎮壓或對一些對中國有強硬觀點的 Blogger 打壓的處理方式。如此處理證明政府缺乏智慧上的自信但對自己的角色和權力卻過於自滿、傲慢。政府不能給自己一種不需要和民眾對話而一律要求他們絕對的信任之權力，在面對有關於主權以及老百姓生命的水深火熱這問題時。他們是一般的平民百姓，不能要求其像政客一樣也要思考，更不能因為缺少該思考而定罪於他們。他們有權力為國家擔心並需要知道自己的信任是否有根據以及該信任放在何處？連為了不破壞某策略因此不需要給人民知道，甚至需要保持機密，需要與中國演戲的時候，也要有傳達此意給人民的方式。笨拙死板就可以被原諒，但是很難同情像已經發生遇到僵局時「棄卒保車」的方式。

　　但另一方面也要說出一個事實，若只用街道上的遊行抗議或是在 Internet 上的號召，我們也沒辦法應付中國想要永遠佔領西沙群島與南沙群島的陰謀。在中國正在與越南進行漢化的陰謀之下，喚醒愛國精神以及所有人民階級的警覺心是必須的，甚至比任何時期都還要迫切，而且一定還有許多其他的方式。不過我們冷靜然後解碼中國的行動再提出精巧的對策才是更必要的事情。若無法避免，我們不懼怕與中國發生一場戰爭；但它不等於我們恣意向中國挑釁宣戰，置國家於

務的人，仍尚未有相信自由網站的習慣。網站上的信息被他們頭腦中的「政治籮笆」將其與破壞國家的事物裝在一籃子。我們可以責怪他們，但這正是現實。我認為，一般人可以釋放出所有的挫敗感，或仍稱其為「丟石頭」，但是知識分子階級「丟出」的東西只應該是具有批判價值的想法和觀點。

經常戰爭的邊緣。那些對激發戰爭挑釁的呼應是極為不理智甚至不負責任的。如果在中國某人也有抱著對越南這樣的挑釁觀點，那即使他們處於比越南大三十倍的國家也應該被認為是膚淺短視。

與中國發生一場戰爭這件事是我們（而不僅是我們，連美國、日本等國家）須找各種方法避免的首務。中國本身也必須對自己的鄰居做相同的事情，除非他們盲目地幻想關於中國的力量或者在北京領導階級中有某人喜歡跟歷史賭一賭。找盡辦法避免它與不惜代價避免它完全不同。再次閱讀歷史我們都看見我們的祖先對這觀點極為一致，那就是盡可能和好到最後一分鐘並只當沒有其他辦法的時候才不得已使用武器。在敵人的聲勢太強之前，陳朝甚至已想到放下武器的事情以期不遭受有毀滅民族危機的殘酷干戈！糾正這致命的錯誤正是大越的人士、知識分子、將領以及農民。最後陳朝的君臣已使敵人幾百年之後每當想起當時狼狽的侵略都必須汗顏白髮。

因為陳朝有無比英明又謙虛（還相信有神、佛、天地的人都會謙虛）的皇帝，懂得將社稷的命運看得比個人的尊嚴、朝代的尊嚴更高。皇帝勇敢於說出自己的想法，敢於跟老百姓承認自己的弱點、差勁，在一個太強的敵人面前自己缺乏自信（敢於承認自己的弱點的人從未是弱者），需要民族的賢能，需要各階層人民的決定之聲音。因為依靠「捏碎橘子」[6]的精神、「臣的頭還沒掉在地上請陛下別擔心什

---

[6] 譯者註：出於懷文侯陳國瓚（Hoài Văn Hầu Trần Quốc Toản）的故事。1282年，陳朝皇帝召集文武百官會議討論對付元軍之計。陳國瓚因為才十六歲而不能參加且不被看好，故激動到把拿在手裡的橘子捏碎。陳國瓚回去自己動員了親戚和民眾組成軍隊一起抗敵，其軍旗上有繡「破強敵、報皇恩」六金字，並立下很多戰績。

麼」[7]、「請陛下先斬我的頭再投降」[8]等慷慨的聲音而陳朝已團結成一塊堅硬、埋葬了元蒙帝國力量的神話，創造了留下永遠芳名的豪氣。會選擇對話，會傾聽而不是與民眾衝突，有這樣的明君，敵人如何贏得勝利。

比任何時間，現在是全民族需要凝聚、需要同心，需要聰明、清廉的頭腦的時候。因為民族的命運、社稷的存亡從未如現在被處於搖搖欲墜的局面。今日的敵人不是以一些逼越南人民拿起武器的傲慢、魯莽的最後通牒來公開宣布將會消滅弱小越南的軍隊。今日的敵人常帶著朋友的面貌，甚至還是有共同理想目標，經常用屬於最禮貌的外交語言討好、撫摸安慰你的人。以前的敵人使我們處於或反擊、或被消滅的情勢。今日的敵人帶來一種感覺是信任的依賴、共存和共同發展，一起為一個偉大的目標嚮往。但事實上，越南從未像現在一樣處在大規模和全面地被侵略。我們民族又陷入附屬外邦的危險從未像現在這麼明顯。因此，要求為越南人民代表的知識分子必須非常警惕，以免引起慌亂和緊張的狀態。

我們必須立即彼此確認的是，中國是越南人從古代到永恆最大的擔憂。法國人、日本人和最後的美國人只是間斷了這主要擔憂的隨機因素，儘管他們也改變了民族的命運，但在整個過程來看是微不足道的。正是西方各強國，尤其是美國已幫助越南人暫時忘記由中國帶來的痛苦。當法國和隨後的美國人決定為「制止紅潮」而分割越南時，越南與中國之間的關係突然升溫為兄弟情誼。儘管許多人意識到援助

---

[7] 譯者註：是陳朝太師陳守度（Trần Thủ Độ）最有名的一句話，體現決心抗敵護國的意志。

[8] 譯者註：在第二次對抗元蒙軍，當被太上皇陳聖宗（Trần Thánh Tông）故意說敵人勢力太強要投降時，名將陳興道（Trần Hưng Đạo）如此回答。

物品的背後是漢人的國家利益以及領土的長期計算，也不能指責當時的北部政治家當他們被逼迫依賴中國的時候（就像越南共和國的政治家不得不依靠美國一樣）。他們（包括雙方）都很不應該在於已經傲慢地將基於政治理論的、具有黨派性的政治目標與原比任何意識形態都更高、更神聖的民族目標看成一樣的地方。因此，越南人需要嚴格地互相責備彼此是比較公平的。我們在民族內部和解方面已失敗太久了[9]（這時候仍未結束失敗！），製造了機會給各種外邦跳進來分割，隨意地在越南人背上提出符合他們之意的決定。數百萬嫗姬的子孫被自己的兄弟、同胞殺害於外邦的武器是國家歷史上最恐怖的事情，並未來的後代必須繼續對該悲傷思考。在那些外邦當中，中國是最大的隱函數而不是美國。

中國大力給越南北方戰爭援助但又不喜歡看到一個統一的越南是最明顯的證據。中國要越南人互相殘殺直到最後一個人以便輕易地併吞其祖先幾千年來無法實現的南方這塊土地，或至少也將越南變成他們的安全屏障像他們正在對付北朝鮮的那樣。中國隱藏自己戰略目標的能力是天下大師。鄧小平（Đặng Tiểu Bình）的「隱藏自己等待時機」的教誨已清楚地說明了現代中國政治的本質。當還沒強大的時候隱藏自己。等待時機成熟，當其他強國衰退且中國已經是一個強國

---

[9] 2002 年，我有到美國一趟，而當來到一個有很多越南人居住的地區時，我被一名嚮導在耳邊竊竊私語地說：「別說什麼，以免受到攻擊。」我雖未被攻擊，但卻被一名越南學生怒視且問我：「來這裡做什麼？」以回應我離開家鄉一個月後見到同胞的興奮問候。後來我得知，N.K 作家曾經被自己的同胞用軍帽敲頭；L.M.K 和 H.A.T 這兩位作家則不得不依靠美國警察作為護欄才能脫離幾百個越南人的圍困；當到一所大學演講時，N.H.T 作家被包圍等。原因只是這些充滿民主精神的作家（當然，大多數人懶得知道這事實！）他們曾經以及正在為共產國家工作。回國後，我一直為此事感到悲傷並自問：「什麼時候「越南同胞」的關係才不會與政治牽扯在一起，且什麼時候他們才會原諒彼此？」。

時，為了給一直失敗的中華民族雪恥，他們將會趁機崛起並偷襲全世界（而他們不僅輸給越南人，請多參考有關漢族恥辱的一世紀）。其實，這對世界來說是一個危險的思想，尤其對包括越南在內的鄰國而言非常危險。亦正是充滿大漢精神這手段不僅確定了越南與中國之間關係的本質而且世界與中國之間關係的本質。

中國從未像今日對自己的力量這麼自信與傲慢。

最大的幸運是到目前為止我們仍未被漢化！世界上很稀罕有哪個國家像越南這樣，被殖民到一千年但仍然作為一個民族生存下來，然後發展成一個國家。這是雙方很恐怖的悲劇。當我們被驅趕、被壓迫、被隸屬時，殖民者也不輕鬆到哪裡去。一千年後，漢人在征伐南方的路上只好停步、飲恨，承認有一個面積比他們小將近三十倍的國家，作為一個居住在自己身邊而且很固執倨傲的鄰居是無法遺忘的恥辱。證據是從大越國家誕生直到 20 世紀末即是一千年之後，中國已八次主動派強兵勇將，起了大干戈，一次接著一次與越南主要六個朝代對抗，決心雪恥帝國之夢但仍然失敗。這建立了我們與中國之間一個悲慘與尷尬、諷刺的歷史關係。每次中國想要消滅越南，那麼他們必定再一次吞下更深失敗的屈辱。這屈辱是國傳的侮辱。

很清楚不能避免著中國，越南各個封建朝代已找出一種在霸權從未放棄領土野心的鄰居之生存哲理，那就是「假裝臣服」（是已故陳國旺（Trần Quốc Vượng）教授的話用詞）。意思是表面上我們祖先一直以每年朝貢、很形式地稟報各重要的事情、接受封王典禮（即是形式上承認屬國）等等的方式來表現出臣服中國。甚至每次戰爭之後，儘管自己是正義者、勝利者，我們仍然留給敵人一點顏面，使其不因為太羞恥而變得瘋狂，如陳興道（Trần Hưng Đạo）、阮廌（Nguyễn

Trãi）、阮惠光中（Quang Trung）已這樣做。但是內部我們祖先總是在所有事情上對中國保有平等、獨立，準備好包括精神上（團結民族）和物質上（訓練軍隊、武器，例如「寓兵於農」的政策等，全部只為了對付中國），使這巨人若又再起干戈就繼續品嚐失敗的羞辱。

關於中國各朝代那邊，一方面他們痛苦地接受了自己很清楚地知道那只是假裝的臣服；一方面，在條件允許的時候，他們不斷尋找消滅位於南方的越南。那條件是我們越南衰弱或內部的不和內鬨之時。那條件還是中國各朝代互相僭權以及想要討好民眾，想要證明他們強大，想要開闢疆界的時候（目前看來，好像現正處於具有如此的內在與外在的因素！）。對於在於西邊、北邊較小的國家，他們幾乎都已經取得了成功，不過當他們轉向南邊時，卻從未能夠獲得類似的成功。因此，在越族的其中之一公然地存在不能消滅的一個國家正是漢族一代傳一代的仇恨。為了長久的目標，在一些不能主動的條件之下，中國才不得不短暫支持越南。

這是越南與中國之間的現代邦交歷史事實的一部分。

這事實有表面上看似甜蜜的但內部仍是由 1979 年越南外交部的白皮書已指出的幾千年來結下最苦澀但只能忍受的種子。1978 年與柬埔寨波布（Pôn-Pót）屠宰政權的西南邊界戰爭或是 1979 年與其師傅中國的北邊戰爭，雖然是兩個不同的國家不過都有一個從北京出發的共同點。其是歷史上每 250 年（正確只有 190 年，從清國的侵略開始，是最短的時間間隔）的命運樞紐，越南與中國之間從來沒有真正地友好過。

現在，儘管被披上有關兄弟情誼的金色字眼，被由各種美言來粉

飾，但實際上越南與中國之間的關係是一頭總是飢腸轆轆的猛獸與一隻安分但堅韌不拔、豐富脫險經驗並擁有使對手受傷能力的刺蝟之間的關係。中國人可能也希望南方之和平，但條件是必須滿足其領土和領海的要求，特別是領海的要求。一旦越南人還沒被滅亡，那種沙文式的不合理條件就永遠不能被接受。因此，兩民族、兩國家、兩黨等之間所有的友好只是雙方都清楚裡面隱情的假裝，且不知道延續到何時，至少到何時我們還沒奪回西沙群島或者何時中國還沒成為一個有責任並因此放棄體現在九段線的領海地圖上充滿幻想、傲慢的野心之民主強國。

可能已經有足夠的證據來說：如世界親眼看到中國的所作所為，沒有人願意跟中國做一個山連山、江水連水的鄰居。像俄羅斯或印度這麼大的國家，他們也不怎麼喜歡有一個像中國這樣陰險、貪婪、無法預測的朋友在旁邊。在 20 世紀末，中國直接和間接跟鄰邦各國發動了戰爭，符合孫子兵法的精神：「遠交、近攻」。因此，命運果真刻薄將我們置於中國旁邊，位在最容易損傷的那邊。整整二千年以來對越南同化和侵略過程的失敗並沒有替中國人上到最後一課。為了實現這目標他們準備好再追求兩千年。幾十年的友好、數百億美元的援助，讓我們能夠「打美國打到最後的一個越南人」，這只是中國人為併吞越南細節規畫的長期、冷淡、永不變化的計算中的一小步。從各個方面來看，這是一個我們必須面對的悲慘現實。悲慘因為我們總是比他們弱勢；悲慘因為我們無權選擇其他的生活空間；悲慘因為我們民族是一個倔強、或生或死絕不成為他們，更不成為他們污穢一部分的民族。悲慘還因為我們無法閉上眼睛，然後希望當我們張開眼睛時，已經會在一個不是中國的國家旁邊。時時刻刻，我們都決不能忽略注意

那位鄰居的工作。其突然變得強大就更加警惕。但是突然間其有瓦解的危機亦又是一種危險。看見他們跟其他鄰居爭吵（例如中國與日本或菲律賓之間最近的緊張拉扯）就必須立即想到他們正在聲東擊西，欺騙輿論不注意到東南亞海的主要目標，即是隨時可以偷襲我們。

　　然而也許最悲慘的是我們無形中扮演著中國大漢擴張野心的自然障礙物的角色。這是決定了越南與中國之間的關係長久本質性的殘忍事實。

　　簡而言之，什麼時候中國還抱著獨佔東南亞海的意圖，什麼時候中國還非法佔領西沙群島，試圖逐漸地蠶食越南的南沙群島，什麼時候越南人還不接受中國對自己一部分領土的佔領，不接受精神上的隸屬，那麼那個時候越南與中國之間的關係就是兩個對手的關係，所有的友誼只是暫時和假裝的。該關係的本質是一方想盡辦法孤立、使另外一方更衰弱（實際上，這只發生在中國的一方）。對中國而言，這是一整個全面、長期、一貫的戰略，具有數百年遠景的周到準備，從準備軍事力量、貿易打壓、文化侵略、安全擾亂、用大規模宣傳施壓輿論、操縱貨品、錢幣、技術、使越南後裔衰退等等[10]數不完的到政治

---

[10] 從宏觀方面來說，除了在 1979 年越南外交部的白皮書中所寫的內容外，還可以算到阻止越南與美國之間實現正常化，阻止加入 WTO，迫使外國石油的承包商不跟越南合作等案例。至於詭計，就有千形萬狀。像購買八角根、水牛尾巴、水蛭和玉米鬚等這些事情。1995 年，一位消息靈通的朋友悄悄地告訴我，中國拿出了約 270 億元人民幣（40 多億美元）以補貼他們的電子產品、電器、家電、鞋子、服裝等商品，目的是用邊境貿易來消滅越南的這些產業。我沒有機會可以驗證此信息。也在 1995 年，當我去憑祥市（Bằng Tường）然後深入中國境內約 30 公里時，我親眼看見上述所提到的相同類型，相同品牌的商品在中國內地賣的價格比諒山（Lạng Sơn）、芒街（Móng Cái）高了兩至三倍等。因此，邊境地區的中國人民前往越南購買中國商品，比在他們國家的價格便宜、只不到原價的一半回去使用。1999 年，我有機會參觀高平朔江（Sóc Giang, Cao Bằng）口

上的干預、內部分裂、外交和經濟上鉗形封鎖，目的讓越南全面衰退。至於越南，我們只有唯一的辦法是清醒地擺脫中國的那些陰謀，利用時機包括各強國之間的矛盾衝突來發展。至於中國他們掌握全部的主動，可以依自己的意願設定遊戲規則不過絕對不是因為這樣而他們有權決定。就越南而言，我們被逼迫在他們隔壁生活，很多人好像不記得這簡單的事實，只好處於順著他們，因此我們只能在中國旁邊存在與發展於一個婉轉的對策。

岸，目睹了中國以下列方式趕人民侵占越南土地的畫面：移動臨時地標，派人沿著分界線割草，侵蝕越南這邊然後就這樣根據草的顏色作為邊界；種植樹木想辦法使樹根植入越南土地，但樹梢仍在中國土地上，等到晚上派人把那棵樹樹立起來，樹根當作邊界點。或在馱隆（Tà Lùng）口岸有一條溪流變成兩國之間的一段自然邊界線。中國就慫恿越南一起與他們蓋水壩取水灌溉。但要當排水時，只有越南一方實現。由於水壓太大，越南一側的河岸立即被水侵蝕了幾十米，而中國那邊則馬上用這新河岸重新劃分分水嶺，結果是他們得利了幾千平方米。正是邊防軍告訴我，中國他們為每公頃侵占的森林頒發 1000 元人民幣（當時約200多萬越南盾）的獎金。與越南鄰接地區的中國人民大多數非常貧窮，可能是世界上最貧窮的，因此他們看到錢就不顧生命衝進了。也因親眼看到現場，我才了解我們的邊防軍以及邊界地區的越南同胞是如何的艱苦但是頑強不屈，充滿愛國精神。

第二部分
東南亞海與可能發生的事情

中國一直引用歷史海域為他們想佔領東南亞海的理由當藉口。這些模糊的根據其中之一是基於中國陸地取方位的名稱：中華南海。依他們所指解釋就是中國南方的海域。這就是無理的解釋：從以航海便利的方面變成主權的方面。其亦是具有大國欺負小國色彩的根據。在地理、文化、種族這些方面上，中國頂多只能將中華南海稱呼視為民族的驕傲。譬如有個大洋名叫印度洋但這不等於印度國家對那整片廣闊的大洋有全部的主權。墨西哥也不能擁有（Mexico）墨西哥灣的全部主權是另一個例子。

當我們了解中國人想什麼以及要什麼就會發現所有的爭執只是毫無意義、毫無幫助。

中國人自認為自己是世界的中心。這既是一種文化的誇張，是一個大民族的精神自豪感，但其同時也開始了持續了數千年還沒找到出路的中國悲劇。中國各朝代具有中心國家的地位，是世界之王，他們已竭盡全力使那件外套與自己的體格相配。但正由於這種民族的傲慢，數千年來中國自覺自己是一個世界，不需要向外界開放，那裡只是他們的蠻夷和邊界的區域。才華橫溢的乾隆皇帝成為一位瘋狂、偏執皇帝當其在英國使臣面前一直固執、堅稱「無論你們多麼有才華，你們還是遠遠落後於朕的國家！」（僅幾十年後，中國不得不羞辱地割讓香港給英國，並屈服得像一個屬國）。聽說毛澤東（Mao Trạch Đông）懶得學習外語因為對他來說「世界必須學中文！」這是使中國安穩的睡在龍椅上好幾個世紀，遠遠落後日本和西方的一部分原因。

悲劇出發於中國的傲慢使中國發展緩慢，並被全世界有所防備。不過跟一個強國地位的地理方面的悲劇相比這還不算什麼。日本、美國、印度、俄羅斯等國家都是與世界連結或具有發展各方面能力的強

國。中國則掉入在一些圍牆壁壘之中包括國家的力量以及山林、沙漠的大自然環境這兩個意思。北邊是巨大的俄羅斯，東邊是日本以及美國有關「安全核心利益」的空間，西邊有印度阻擋，再加上伊斯蘭教地帶被俄羅斯與美國之間的影響能力之強烈競爭。地理方面而言，這都是險惡的山林，由於沙漠化因此土地變得貧瘠，加上時常政治、民族上的不穩定，非常不好控管。

這是為什麼中國決心與印度挑起戰火的原因，目的是吞併全部他們稱為藏南的地區，以很昂貴的代價作為西邊的出口。他們的不幸是此目的未完成。於是巨人做大國之夢的三個出口都遇到難以越過的堡壘，甚至無法越過。最後只剩唯一的南邊出口，是擁有將近中國面積一半大的海域，連接歐洲、美洲、非洲三大重要的大陸（即是世界的大部分）以及有戰略性的兩個大洋之地方。該海域對中國的國防、經濟以及貿易上都很重要。然而也許最重要的是該海域對世界影響可能方面來看，確定了中國支配中心的地位。若要說更清楚的話就是：中國視越南的東南亞海為他們 Exit 的區域，其對中國長久的民族危機有保障的價值。因此，可見這是要害的海域，對中國稱霸世界的目標有巨大的影響。還好那海域屬於別人，且其使命是確保整個世界的海上貿易。這也許是天意，祂不想要這地球到了某時候只剩下唯一具有漢人血統的人種。在這問題中，沒有任何民族須向中國賠罪。中國所做的是出發自大漢霸權的貪婪野心而違抗天命的行動。假設中國做主擁有由他們自己繪製的 U 形線裡的海域部分吧。那時候，全部海底的資源，被判斷是非常龐大的，都屬於他們，是一種大自然的儲備，比他們現在幾千億美金的儲備還要巨大的幾百倍。足夠養活數百萬人的全部海產來源，也屬於他們。再繼續想像：某一天世界上石油竭盡而中

國還擁有很多石油，他們將有權力提出使世界必須服從的決定。當可以對東南亞海提出任何決定時，中國也比較容易對日本、韓國等尤其是收回台灣的戰略的要脅或者台灣本身卡在尷尬沒法選擇的局勢中必須自願回歸中國大陸。

　　第四個原因具有武斷性不過很可能又是中國的主要目標：想要實現統管全部東南亞區域、支配亞洲，進而統治至少世界的四分之一。毛澤東本身曾經想要當五億東南亞貧農主席不是嗎？正是他想要帶中國人到寮國、泰國、緬甸居住不是嗎？這是不是一個自以為齊天的皇帝的誇口還是對後裔的密旨。在印尼、柬埔寨還是最近在緬甸等發生了一些事件之後，我們將不得不給這認定找出正當的原因。然而只停留在上述的那些原因的話，也容易看出，為了得到他們幾百年來的渴望：獨占東南亞海並成為世界的第一大強國，中國將不會放棄任何手段！

　　為了實現這一目標，據說中國提出一百年的戰略路線，以紀念一世紀整成立現代中國的 2049 年為里程碑！起初幾年，由於經濟政策上的錯誤、由於對中國力量的幻想以及主要是陶醉於鞏固權力、互相批鬥消滅、摧毀彼此，中國領導者已經使他們國家憔悴蕭條、外表好看但內在空洞，導致沒有人尊重。他們只好暫時吞下上述充滿野心的目標。當鄧小平掌權時，開始了經濟資本化的時期，使中國變成在三十年來世界發展最快（同時也破壞力最大）的一個國家。儘管許多人喜歡把他們所有的消極做法推託給中國的崛起，但中國的崛起力量仍是一個事實。

　　現在中國手中愈來愈有很多可以實現強國夢想的工具，甚至是唯一的強國。不過他們仍尚未有足夠的力量依自己想法來決定，因他們

手裡還沒有拿到位於南邊出口且屬於別人最重要的籌碼。他們仍然必須「隱藏自己」。若我們仔細地觀察那麼中國「隱藏自己等待時機」的戰略是為了獨佔東南亞海的最大目標。中國可能在非洲起了影響，可以支配南亞等區域但是當這些區域仍在蒙昧中，那些只是具有一時的貿易色彩的支配。在那裡中國實現新殖民事業的「榨取」、「搜刮一空」，用錢、用軟實力來購買領土、購買國家主權而不必派軍隊占據、管轄。實際上，中國實現的是漢式的殖民主義：不佔領土地而只要佔領財產、然後對他們留下無數的後果一點也不負責任。

但當那些區域的政治成熟的時候，他們將驅逐中國，就像上世紀的初期和中期各個殖民地驅逐歐洲殖民者一樣。到時中國人將會取代美國人成為極端民族主義者的驅逐目標。幾個爭議島嶼的東海（Biển Hoa Đông）對中國的經濟與擴展生存空間都不太重要。更何況他們知道不能容易地超越有美國一直當後盾的日本城牆。最後只能獲得東南亞海，中國才能創造出對安全和具有地緣政治價值的支配，為中國向世界產生影響創造了跳板。缺少這命運的跳板，就好像中國對決定自己處在那高度未有效起步的一跳。這解釋了為什麼中國留給東南亞海所有領土戰略的優先。為了此事，中國使用任何政治手段。

他們最成功的手段其中之一是已經使潛在的對手猝不及防。首先，他們試圖以「和平崛起」的戲碼騙過美國，等美國陷入困境他們才露面。對越南，頭一個要消滅然而最艱難、最難搞的主要對手，他們以十六個金字[1]、四個好的精神[2]，並以具有意識形態的大局利益為

---

[1] 譯者註：即「友宜鄰居、全面合作、長久穩定、邁向未來」。（"Láng giềng hữu nghị, hợp tác toàn diện, ổn định lâu dài, hướng tới tương lai"）
[2] 譯者註：即「好鄰居、好朋友、好同志、好夥伴」。（"Láng giềng tốt, bạn bè tốt, đồng chí tốt, đối tác tốt"）

主來欺騙。我們還沒有足夠的證據以結論各位越南首要領袖都相信中國的甜言蜜語，但很清楚地，我們已經讓中國牽鼻子牽了很久，（其中包括越南人搗住越南人嘴巴關於領海主權的問題），至少也牽涉到他們在東南亞海上畫出九段線的時候。二十年時間裡玩著外交作弊的遊戲，中國已經在這遊戲中做莊，足夠時間給他們悄悄地全面準備力量，而越南和菲律賓仍不知什麼。越南的海軍、空軍原本不強，菲律賓這方面更弱，導致中國在海上占絕對上風。直到中國船割斷越南勘探船的電纜，並覦覷菲律賓宣布主權的 Scarborough 海灘的時候，兩國領導者才不會閉著眼睛搗著耳朵欺騙自己了。

一個迫切的問題是：與這戰略意圖，中國是否有決心會用一場全面海戰來占領東南亞海？以及其何時會發生？

要回答這問題首先必須會回答以下這些問題：

- 小至中國的海軍與空軍，大至中國的潛力實質強大到何種程度？
- 若發生全面海戰，估計其將會牽連哪些國家加入戰局？
- 美國最激烈反應會在何等程度？
- 中國對海戰的後果將要承受多大的程度？

我們將會逐步地討論每一個方面。

中國有巨大外匯的儲備，可以迅速地動員國家的潛力，然而十三億的人口，其中超過一半屬於貧窮狀態，福利壓力是非常大。中國一直要面對內部的動盪。原本要集中於戰爭中國則必須常備一個大軍隊為了預防「阿拉伯之春」的後遺症。

　　雖然中國海軍、空軍強大得很快但在一場範圍太遠像東南亞海的戰爭中,他們的壓倒性還不夠。由於中國聲稱擁有超過 300 萬平方公里的水域面積,那麼目前的中國海軍力量太薄弱了,又從未經歷戰場挑戰,且對方永遠也不會坐以待斃。1979 年邊界戰爭的教訓一定很多中國軍事家還沒忘記。儘管初期越南因失去警覺心而被突如其來的偷襲打擊。但是僅僅幾天後中國便開始品嚐失敗於平常穿著農民服裝的越南戰兵。在陸地已經這樣何況在海上,是中國從未被公認具優勢的地方。那還不說占領後是否守得住。中國很清楚這弱點。中國尚未有航空母艦且長久來看中國的航空母艦也還無法有效的使用運行。中國空軍主要是跟天下耀武揚威而已,還不能伸展出全部東南亞海,特別是控制有很長的海岸線像越南這對手的能力。如果越南在南沙群島上的那些島嶼有很好的防禦計畫,儘管只是對手一半飛行航程的越南空軍的協助下,加上有準確性高的海岸防衛導彈、裝在驅逐艦和潛艇上的導彈等協助的話,那麼雖然比中國脆弱很多倍,但這些聯合力量仍然是中國難以克服的對象。

　　就算中國可以自由採取行動(意思是沒有受到美國、日本、印度等的直接阻礙)的時候,中國也必須在開火之前進行非常仔細的計算。如果僅依賴純實力,中國還不敢冒險進行一場如此多風險的全面戰爭。

　　哪一個國家被捲入直接的衝突,大部分取決於中國的計算。這是大國的優勢。他們將主動調整戰場的範圍,以便他們不必分散力量也不公開地挑戰美國。鑑於目前的政治和地理事實,可以回答說,除了越南之外,將不會有哪個國家被拉攏直接與中國對抗。在過去的幾十年,中國所有對海軍和空軍的精心準備是為了對抗和壓制越南!故意

在東海（biển Hoa Đông）把事情鬧大的行動只是中國的疑兵之舉，目的是使越南失去了警惕。但中國很清楚，世界上有哪些力量會做為後盾支持越南，只在戰爭爆發時，他們才公開露面的力量，為的是自己的利益以及對中國的仇恨是地球上仍存在著真實的情感。這會使中國成為與世界大部分地區對抗的風險。

美國是唯一的國家對他們和全世界必須要付出的昂貴代價一旦中國占領到東南亞海的事實深刻了解。如果這種情況發生，美國將失去利益以及對世界實質的領導權，尤其是對他們來說非常重要的太平洋區域。另外，美國還要對其同盟是日本、韓國、台灣、印度、澳洲，新加坡等這些與東南亞海有經濟利益與安全密切相關的國家有義務。由於這些戰略的原因，美國將會決心用間接辦法來阻擋讓戰爭不發生。美國至少是在目前的相關中可以做到這事情。中國目前及未來幾年還不夠強大到可以無視美國那些具有警告性威懾的程度！

現在我們將討論到決定東南亞海戰爭是否會發生的最重要因素，及中國要承擔其後果如損失人命、經濟、政治、國際聲響等方面有多大的程度？

這個世界一直存在著各個大洲與國家之間的束縛。像上述之分析，即使中國具有巨大的國家潛力但仍然是剛剛脫離收入貧窮的國家。中國一直以來都有內部的問題，這使他們很難擴張而不怕破裂。僅僅西藏、新疆等問題就可以在不久的將來吸乾他們的政治資本以及自信心。實際上，在過去的幾十年當中，中國的發展歸因於互相依賴的接受。沒有向美國、日本、歐洲等敞開大門中國永遠不可能擁有今天的經濟和國防地位。這種緊密束縛的關係使每個國家不可能在不損害其他國家以及自己本身的情況下任意採取單方面行動。基於這條權

利的繩索來維持世界和區域的和平。因此中國將會考慮看看當自己發動戰爭時他們是否能承受被世界孤立的後果？例如，如果中國向越南或菲律賓發動戰爭的話，美國與其同盟針對中國的一道經濟的懲罰。這樣的懲罰是完全可能發生的。而且中國就像個有一雙弱腳的巨人，為了至少保留一個強國的顏面，也許承受此事的時間不久。或者全球進行一場孤立、抵制中國和其利益？這也完全可以成為現實。到時候中國將失去全部他們所建立、鼓吹在能成為真正的強國的很多年前所謂的中華價值。那是還不包括中國可能必須面對很多廣闊的自治領土具有民族主義精神的分離，給印度擴張其影響力製造了機會。因為中國社會從來未統一團結過。他們一直隱藏著深刻的分裂並只等待機會爆發。

以上我們已經指出軍事實力的限制和政治上的束縛，這使得中國在計劃進行一場於東南亞海上重大的海戰時必須考慮、再三斟酌。無論如何，這些認定也只是一個相對性的假設。對中華式的政治制度來說，一場冒險的軍事有時候從一些很模糊以及不可預測的原因開始。1979 年，越南與中國之間的戰爭也曾經不在國內外的分析家意料當中，當他們只依賴表面的現象，太相信那種一般的邏輯。然而還有另一種的邏輯，那就是中華文明一直視為一種獨特產品的不合邏輯的邏輯。

可能已經足夠證據來確認鄧小平個人提出侵略越南的決定，大部分是為了個人面子，另外是為了他想要給自己做一次權力的測試。跟毛澤東的測試相比，他所拿出來賭注的人命數量少了很多。如美國的估計，連在南征一個月內喪命的中國士兵人數是三萬，也只跟他的前輩為了文化革命這怪胎的實驗而屠殺的人命數量的千分之一。中華的

政治總是隱藏不僅對他們本身而且還對世界的風險，因為它仍然是崇
拜霸道的政治，本質上是殘暴的政治，黑暗的政治。因此，如果只因
為上述的那些束縛，那還不足以肯定由中國發動的一場血腥戰爭不會
發生在東南亞海上。不過，以下可能是使中國會必須猶豫的理由：他
們無法確定在短期內，是否能在一場全面的戰爭中取得絕對的勝利，
即是說他們手中還沒有結束戰爭的劇本。而這是完全有可能的發生。
漢朝征服南方的歷史應該他們還不能忘記。若再次失敗，現代的中國
可能會瓦解崩潰，而首先是瓦解他們想盡辦法、試圖培育的中華精
神。其眼前的後果是將會讓中國潛力虛假的秘密被暴露，中國正在有
效果地使用打壓別人的手段；從而對同盟、對敵人都很尷尬、難看。
中國對東南亞以外的鄰國像日本、韓國，尤其是台灣等國家的威懾優
勢因而也不再存在。到時候，中國連本錢也賠進去（既失去了資本，
也失去了利益）並也許在過去的中華歷史必須再重寫。

　　因此，如上所述，中國面臨最大的問題不是如何開始戰爭而是要
如何結束戰爭？中國的那些鷹派戰略家還沒想出任何比開火之後以強
大的武器數量、航空母艦、彈道飛彈等的力量壓倒對手，也許會獲得
一些初期勝利但隨後必須要撤軍，來得好的劇本。若早知道如此但還
是衝進去的話，那只是喪失理智、神經病的人才做。無法結束，也就
是說具有中國的生死門口價值的全部南方側面將會淪於戰爭的狀態到
何時還未知。到那時候，遊戲的主動權屬於敵對國家手中而對他們來
說最危險的正是越南。越南是一個世界第一擁有堅強防守的能力和充
滿未知數的軍事藝術的民族。當被逼到不得已必須戰爭時，當東南亞
海是戰場時，當從各強國為他們的利益對越南靜靜地支援武器時，那
麼越南可以使中國求生不能，求死不得，有能力扼殺、切斷他們穿越

馬六甲海峽的最重要貿易路線。他們正在對柬埔寨所做就是為了預防這事，但毫無用處。沒有人會懷疑此理論數字，也沒必要達到五千枚反艦導彈，才能將中國全部的海軍力量擊沉到東南亞海。因為那是越南人幾千年來為了不被消滅而所進化的生存本能。

　　總而言之，一旦中國手中已經有結束戰爭的劇本，他們將立即在東南亞海上開戰。我們必須讓中國人知道，他們手中永遠無法真正地擁有這件寶物，因此另一個看似非邏輯又成為命運的邏輯：正是越南人將會決定是否允許中國在東南亞海上呼風喚雨。越南是個小國，因此始終需要和平、在中國旁邊安定的生活。中國如同越南也需要和平，也需要安定江山疆界，特別是南方的門口。中國如果想要實際上有安全保障的地方就不能忽視越南的存在。

第三部分
中國行動的預測與越南的選擇

中國意圖決心占領東南亞海是毋庸置疑的事實。沒有人應該相信中國以各種外交言辭來行銷自己的虛情假意。我們需要關心的問題是他們是否有能力實現該意圖以及他們將要採取如何的方式？

從以上的分析，可以提出預測，在不久的將來，中國將會以「恐嚇」為主，想辦法施壓、收買、巴結、欺負等，使對東南亞海有相關的國家陷入困境，必須接受中國提出的條件以尋求與他們妥協的方式。中國他們的做法仍是製造紛亂事件然後趁此施壓他們的觀點或在可以的情況下就咬一口，像 1988 年的「赤瓜礁」（Gạc-ma）、1995 年以及 1998 年的「圍巾環礁」（Vành khăn）。當各國來不及作出反應時，就被中國得逞了。 說白的，中國將持續採用蠶食桑葉的方法，慢慢啃、壓倒、騷擾，主動將形勢複雜化然後趁亂參與以及施壓。中國這做法有其絕對優勢。第一，他們只有贏，沒有輸，只得而沒失，因為對手已經處於弱勢地位，將需要冷靜，不容易立即有相對應還手的行動。

第二，他們可以分化對他們施壓的對象。因各國為了自己的利益而採取以和為貴的做法。

第三，只停留在於一些如此「瑣碎」的動作，不足以讓對手或有相關的國家視為戰爭的藉口。很多西方分析家認定，不少當地政府、中國軍隊對東南亞海相關的決定是隨意自發，中央政府不知情？這認定基於一些中國最高領導者的很熟悉詭辯的謊言。這認定也許因為太天真或者由於習慣生活在一個尊重法治的環境、一切都公開透明的西方民主，而忽略了那是一種中國計謀的因素。中國人很擅長以假動作和放煙霧彈來欺騙天下。他們用那些方法來探路。如果一切都順利，就會視為國家的政策。而如果不順利的話，他們容易推辭一個國家級

的責任。類似這樣,他們曾經用《環球時報》的報紙來散播具有探索對方反應的一些觀點。若條件允許的話,就會成為中國政府的觀點。這也是中國對世界「恐嚇」的方式。如果深刻了解中國現在的政治,就會看到各個部門機構對每個公民做的一舉一動都受到政府嚴格的控制。如果那不是中央政府的立場,沒有任何下屬敢冒險這樣做。

第四,利益是中國表現出他們很堅決地在其他國家也要求主權的地區繼續要求主權。這是中國把不合法事情法理化的方式。譬如他們剛準備的步驟是成立三沙省。我們不能對這動態掉以輕心。首先只是紙上的一個省,被越南、菲律賓等視為毫無價值。但隨後,他們會將該省輸入數億中國人的腦裡,並通過三沙省造成貿易上交流,與那些無衝突的鄰國進行外交。例如最近邀請招標探勘石油的行為,或是透過三沙這地名的幾個利潤很誘惑的商業交易。一些由中國主辦的小型會議、展覽、體育競賽都在三沙舉行!逐漸地三沙這個名字將成為世界熟悉的地名。其將走進具有國際性的文件、資料。其將慢慢地是中國真正的行政單位。到時候,我們在東南亞海上的活動就顯然地被認為是中國三沙省的活動!世界不會被迫記得三沙實際是什麼、其導致誰的損害,他們只關心三沙為自己帶來什麼。就像世界習慣稱中國南邊的海是南海(South China Sea)、農曆新年是中國新年,到某時間,他們只知道三沙是中國的一個省!屆時,中國會憑藉這一點將對外宣戰的行為視為是保護三沙的自衛權!

對越南來說,這是一個非常陰險和危險的陰謀。

當我們必須對中國的主權問題做出重要決定時,我們正處於困難的境地。這就是擺在整個民族而不僅僅是共產黨面前的事實。共產黨他們當然是很頭痛這個僵局因他們自願將意識形態這枷鎖往自己的脖

子套，使自己的雙手被綁死。當意識形態是中國戰術的陷阱的時候，對很多越南共產黨的領導者來說，其則被視為具有戰略性的解決方案。

若結論越南的共產黨沒有作為或是沒有保衛領土、領海的決心是強詞奪理的說法，主要是發洩而不是提出很認真的判斷。我們只能懷疑他們正在使用的辦法之效果。近年來，他們這辦法是模仿松鼠的機智之方式：利用攀岩技巧來逃脫。這是一個不缺乏智慧的詭計。但是鑑於中國目前的情況，這戰術只會有一時的作用。當他們已經是強國的時候，那麼所有的花招立即被無效化。說穿了，在這個時間點解決與中國爭執的問題，雖然非常艱難但是總比幾十年後與他們解決仍來得順利。因此，若不小心的話就正剛好是越南人本身正在為中國拖延時間製造機會。

我們一直常常忘記正是中國為了穩定內情以及實現崛起的戰略才是比我們需要周圍的安定的那一方。我們，由於對自身力量的自卑而不敢善用自己的厲害位置反過來主動跟中國施壓條件。 換一句話說，越南手中不缺中國要小心警惕的「棋子」。若不清醒，自己人對自己人互相蒙住眼睛，互相氣餒的話，越南人將會自己被困在為實現限制對方為目的而撒出的網中。該網是以意識形態當藉口、該網是不讓東南亞海情形更加複雜、該網還是因擔心使兩黨之間關係被破壞而自己封鎖、隱瞞消息，最後使共產主義思想衰弱。

我們的觀點是所有能真正體現出智慧和效力的保護國家主權和利益，保護越南公民（尤其是漁民）的措施都是好的。請試著很冷靜、客觀並理智地分析看看我們能夠依靠什麼來實現此目標？

依靠意識形態

似乎由於有了意識形態的因素，越南與中國之間以及菲律賓與中國之間的對抗實際上有著差異：中國與菲律賓的對抗是對手之間的對抗，而中國與越南是兩個兄弟之間繼承的競爭？因此，即使越南才是中國南進的主要障礙，但那些爭執好像沒有那麼激烈？

如果只注意外在表現的話，果真已有這些徵兆出現。

這是由越南本身在提出保護國家的策略中所製造出來的對己不利之點。中國已經誇大相同體制所帶來的利益以欺騙越南那些領導人。從理論上來說，當共產主義獲勝時，所有國界和所有國家都也將消失。為實現人類這目標而努力的兩個國家沒有理由不了解哪個未來對他們來說才是重要。由於大意輕信以及受意識形態感情支配，一些越南領導人已經將國家利益降為次要以服務這一目標。在越南共產首要領袖其中之一有名一句話最生動、最簡潔地反映了這一點事實：「中國也許醜陋和貪婪，但他們捍衛社會主義」。正是這位領導人就從 1991 年起，成都會議之後的幾十年中，一直禁止新聞界不能提到西沙群島這地名，因為擔心其會惹中國不高興，有可能破壞大局（1994 年在阮攸寫作學校（Trường viết văn Nguyễn Du）的一次演講中，一位人民報（báo Nhân Dân）的前任領導的吐露，目的是讚揚那位領導人的「遠見」）。這裡的大局是由中國帶頭的國際共產主義運動。剩下一些就認為依賴意識形態是將主權這顆球踢給將來的子孫後代世系最好的辦法。對這些人來說，自己的權力，躲在黨的權力之下，比民族的利益來得更高、更重要。

如果中國也考慮並採取同樣的行動，那麼沒有什麼好討論的。但

是現實則完全不同的。中國散布意識形態煙霧彈這一招當作弱化越南
最便宜的戰術。將越南綁在某一條無形的繩子上，使越南在有關東南
亞海問題和一系列其他問題上為國家利益不敢擅自行動的同時，中國
卻利用每一分每一秒的時間來設立關於東南亞海的假資料、在條件允
許的情況下為占領東南亞海目標，培養大漢民族精神。一些「兩國領
導人之間」籠統模糊的協議是中國於越南領導者面前太容易實現的險
招。如此那些不透明內容的協議是對民族內部的分裂，領導者之間的
猜疑、人民與政府之間的分裂等非常有效的作用。然而更危險的是，
這使對越南支持者感到厭煩、疲倦、缺乏信心並逐漸地分散關心。當
菲律賓想知道越南跟中國協商了什麼，那中國已經達到目的，可以捧
著肚子得志大笑。菲律賓也許沒那麼重要。但是美國、印度、日本甚
至連俄羅斯也有同樣的那問題，這意味著越南將會被遺棄給那隻猛獸
了。

　　因此可以結論：意識形態的盾牌只製造出眼前、短暫利益的幻
覺，對中國比較有利。然而像一些細線那般橫掛的那個盾牌，一方面
不能協助阻止漢人的野心，另一方面，事實上，其正在於為了民族長
遠的利益的行為中束縛我們並將越南與世界隔離，這也許是中國再希
望不過的。

依靠東南亞國協（ASEAN）

　　越南共產黨者在過去 20 年中達成的最大外交成就之一就是讓我們
國家加入東協。（只回想當時中國的憤怒，無助的態度也可知。）可以
說，那是越南政治思想中的重大轉變方向的里程碑。作為東協的成
員，越南已能夠打開了通往世界的大門，以便從此在小區域中以大國

（至少也是重要的國家）的位置邁進下一步。沒有在任何地方我們獲得如此的評價。沒有在任何地方我們可以做到像在東南亞國協中那樣有發言權且別人必須仔細傾聽。也從協會成員的位置，從這裡我們有更多的優勢可以順利擺脫中國的巨大影子，讓中國在提出有關全區域利益的訴求時無法恣意亂為。更重要的是，我們與美國的關係多了一條管道，而且其他重要國家經常會考慮美國的態度以提出決定。這個世界已經，正在和將會存在如此的依賴。 忽略這一事實是在政治上不明智又短視的。

　　但是，在東南亞海對海洋和島嶼的主權問題中，關於公眾輿論和態度表達方面，東協雖僅有像是一種聲音的作用，但卻可能是一種重要的聲音。中國不能忽略這種聲音，因為他們對整個東協的權利影響很大。有越南在內的東協後面的力量遠大於越南獨自一個人的力量。此外，中國深知總是有一個忽遠忽近的美國，是整個東協的夥伴，在貿易、政治、外交方面上具有國家利益。與美國有許多傳統的盟友的地方，其中，最重要的是印度尼西亞，如果時局順利的話，越南將是下一個名單。此外，日本、印度、歐洲聯盟以及從一些利益的壓力使俄羅斯也加入進來，成為經常干預的夥伴，使東協成為國際安全、航海、思想交流的中心。這種干預無意中使中國處於不得勢的地位。我們需要徹底地利用東協成員的資格，任何單方爭執都有可能演變成多方爭執的地方，這是中國最害怕的事情。這並不是說他們害怕東協的軟弱以及從來沒有統一的力量，而是他們知道美國將永遠不會放棄干預區域內情的機會，且這種干預的本質是尋求阻擋中國的證據。他們很清楚，東協與中國之間的任何協議也有美國的手，這與僅有越南和中國之間的協議有很大不同。

　　總而言之，當與中國在主權問題上的直接軍事對抗，我們不能依靠東協作為可以威懾的力量，或是獲得勝利。但是，東協是具有政治力量的聲音，有可能使中國無法自行提出任意獨斷決定的地方。因此，對於東南亞國協，越南需要更緊密的聯繫，更加促進各方的束縛過程，表現出更大的誠意，甚至必須犧牲一點小利益以拉攏整個東協用很多方式深度干預東南亞海，特別強調安全和航海自由的問題。東南亞海是整個東協的事務，即是國際的事務，越南需要在任何論壇，任何對話中保持一致的這個立場，弱化中國所有分裂東協的企圖，就像中國對柬埔寨政府所進行的工作。

依靠同是社會主義派的盟友

　　在這其中，最重要的顯然是俄羅斯。不管俄羅斯還是世界的政治氣氛如何，越南都必須維持與這個重要朋友的關係。俄羅斯至今仍是越南軍事上最可靠的夥伴。但是俄羅斯已不是之前的蘇聯那般即使需要犧牲一部份的國家利益也可以輕易地根據國際精神做出感性上的決定。今天的俄羅斯實行務實、冷酷民族以及不可預測的外交政策。俄羅斯是維持世界上很多最複雜的關係的國家，並且其總是通過易於詭計的工具「錢」來做保證的。俄羅斯不再可以直接干預其領土以外的事務的位置，而今天的俄羅斯政客將不會這麼做。觀察在貿易上的關係以及俄羅斯從中國獲得的利益、觀察地理位置和一系列其他束縛的方面，可以看出，中國對俄羅斯的重要性是越南的很多倍。犧牲在中國的利益是一個短視的做法而現在的俄羅斯不允許其任何領導人擅自這樣做。因此，可以看出，俄羅斯從不希望一個強大的中國，能夠在將來吞噬他們的遠東地區，像美國正在做那樣能夠壓制他們，但是俄羅斯將堅決不被捲入東南亞海的衝突。

　　然而，俄羅斯有很大的民族面子，不容易失去其作為強國的地位。何況，在俄羅斯重返東南亞的戰略中也需要越南。這就是為什麼俄羅斯將竭盡全力，以使中國不會公然派兵威脅越南，從而推俄羅斯陷入困境。他們手中有幾張牌例如：能源、軍事技術、外交利益等，是聯合國安全理事會常任理事國的位置。暫時這幾張牌仍然足夠強大，足以讓他們可以一部分影響到中國的決策。但是那些牌的魔力正在逐漸地消失。我們現在可以並且需要利用俄羅斯的是購買現代高精度的武器、接近他們的技術，進而能夠像俄羅斯過去與現在於印度所做那般，在越南領土上生產這種武器。我們極力促成俄羅斯重新干預東南亞以分散中國的焦點。

　　與俄羅斯不同，日本和印度對中國的戰略利益比較少束縛。他們的外交政策也比較清晰。這是兩個對越南極為重要的地區強國。 若考慮到利益、地位和力量的方面，印度較容易願意置身阻止中國這方面的問題。我們想要特別強調印度在東南亞海問題上對越南的重要性。關係歷史以及領土的爭執使印度這大國長期以來是中國的公開敵手。當中國仍公開對攸關印度安全的戰略地區上宣布主權時，那麼就很難讓兩國找到真正的友誼。印度永不接受中國在亞洲的領導位置。民族的尊嚴，面積、人口的規模以及區域中大國的位置都不允許印度跟這種彎腰屈身低就的思想妥協。印度將區域安全問題的干預視為自己的權利與使命。中國與巴基斯坦之間的親密關係讓印度除了保護利益之外，找到更多必須在東南亞海平衡勢力的理由，而且這是對我們越南有利。如果在東南亞海上發生大衝突的話，印度將是最堅定地站在越南這邊，支持越南其中之一的國家，可以公開提供現代武器給越南，甚至準備好在某個程度上對中國施加軍事壓力。在提出如此的決定

時，印度會處於相當獨立的位置。但印度也不會讓自己被捲入戰爭。

　　同時，由於日本的和平憲法以及跟美國的束縛，日本很難做出像印度這般的決定。以現階段國家的實力來看，日本也不可能是中國平起平坐的對手。當日本在一個與其投降盟軍的時候完全不同的世界面前，重新看待歷史以及自己已過時的束縛時，我們等待一定將發生在日本人心中的改變。世界的棋盤，尤其是亞洲區域不能少日本這「棋手」。但是從現在到那時候，當日本最現代的戰艦包括實力與正義都能夠充滿自信，使其輕鬆地開過東南亞海，強烈地宣布他們準備好保護台灣等的時候是不可能一朝一夕立即實現的。

　　像印度一樣，日本在東南亞海上具有航海方面的重要存亡的利益，以及在遏制中國的問題上與越南共有分享歷史價值和戰略利益。而最好的遏制是不讓中國獨占東南亞海。他們會想盡辦法可以跟越南（和其他有共同利益的國家）實現這一點，不過日本的軍事支配的角色是有界限的。也跟澳洲、歐洲那樣，日本只能是一個重要的聲音，只能暗中幫助我們，只能扮演阻止者的角色，可以間接地為越南創造來自美國的支持。

依靠美國

　　必須要肯定的是，如果沒有美國，中國不僅吞併了東南亞海，而且從很早就已經想辦法統治世界了。這不僅僅只是嘴巴說說而已。大漢的擴張主義，用更容易了解的講法，是沒有任何地理的界限可以滿足中國的慾望。如果全世界不試圖阻止，在其到達月球之前，中國的下一個目標是美國的領土。現在的中國，雖然正在覺醒與改變，但仍是一個很沉重的實體，無法與美國展開一場突破的競賽。美國還沒需

要做任何事情，中國仍須警惕。但正在瞬息萬變的世界中仍存在著變數。沒有人能預料到，只幾十年內，蘇聯（後來是俄羅斯）與中國之間大國角色的轉變交替會如此地簡單。這比執行已簽署的條約還要簡單。正是這種變化使今天的世界對小國來說，比冷戰時期甚至更加危險。最危險的是無法知道中國那頭獅子還會餓肚子餓多久以及會有誰犧牲自己的利益來遏止它。在過去的幾百年裡，偉大的哲學家、政治家已經為了與中國共存世界所必須要做的方式提出了數千條的寶貴建議。但只有美國關心和理解這些建議。美國為將中國納入框架做出巨大的努力，要求他們承擔一部分大國的責任，已經幫助世界在中國實現經濟資本化並對十億多人放寬政治的桎梏的時候享有相對的和平與嘆為觀止的發展。

但美國正在即將為自己的行動付出代價。中國已用簡單但很悅耳的通牒欺騙了全世界。現在他們正要嘲笑這些通牒的本身。通過在紙上畫出九段線的領海分界線要求大部分東南亞海的主權，然後強迫所有人要尊重、沒有爭議這回事，是一個確定中國權力具有高度象徵性的行動，不僅是為了針對越南和一些東南亞國家的直接利益而且將挑戰指向美國和其他大國，如印度、日本、澳洲，甚至包括俄羅斯。這是具有現代中國精神的通牒：將自信與傲慢發送到全世界。 接下來，按照中國的邏輯，整個非洲都是他們管轄的區域，整個亞洲都屬於他們的屬地。另一邊，美國是終極的敵人……。

對中國來說，一切都有可能。

目前，這假設還需要一個條件：如果美國袖手旁觀、充耳不聞或束手無策。

　　幸好，美國已及時覺醒，當自己還是第一的強國的時候。通過決定重返亞洲，歐巴馬（Barack Obama）也許是最近的二十年內合眾國最聰明的總統。因為中國遲早也會成為全球的威脅，首先在文化、骯髒的政治產品方面，再來是有殘留毒性的便宜貨，最後是軍事實力。中國人正在非洲、南亞等的擴散就是最明顯的證明。當然，其對美國本身來說也是一種威脅。

　　不過在民族利益方面而言，我們對美國重返亞洲的事情上有何期待？可以直接說：不光只有越南而是全世界，儘管多討厭美國，若想要這世界還有公理的話，那麼也不能缺少美國。儘管這事實是不公平與短視。只不過，如果哪個越南人認為美國是絕對可靠的靠山，將一切都託付給他們，那將更加短視。因為即使假設越南共產黨者已經從意識形態的枷鎖中被解放出來，越南成為一個與文明國家有相同價值體系的民主國家，那麼成為美國的盟友，被納入、屬於其核心保護傘的想法，正如很多人所提出，只能看做是一個願望，很識時務，表達對國家命運的真誠關懷，但不可行的。甚至在很長一段時間內，這仍然是一個荒誕不經的想法。

　　許多人把日本當作越南成為美國盟友的一個範例。他們似乎找到了很多有趣的相似之處。然而，還沒談到越南與日本的地理位置、體制、越南與日本發展道路選擇上的差異，日本與美國和越南與美國之間邦交歷史的差異，那麼當日本成為美國的盟友的世界歷史環境將不會為越南再次出現。半個世紀前的世界是軍事、政治附屬連結超過經濟連結的世界，因為意識形態的對抗畫出了一個很清楚的界線，這邊退就另一邊進。其需要意識形態相同的國家之間緊密地團結、凝聚。日本和後來包括韓國、台灣等對美國而言，如果意識形態戰爭發生的

話，具有像是亞洲前哨軍事的基地，後勤的中繼站比貿易夥伴更有價值。而現在，冷戰結束之後，東歐與蘇聯瓦解之後，由美國帶頭形成的包圍圈的需求也不再迫切了。美－日、美－韓、美－台灣等之間的關係成為冷戰的最後遺產，並實際上其也因為各方進行的其他雙方連結而正在逐漸地鬆動。我們曾經親眼見證美－日、美－韓之間的條約因經濟利益的問題而很多次遭遇動盪，被推到了次要層面的問題。至於台灣，這島嶼的命運就曾經被美國與中國放在秤盤上（當美國於1974年在西沙全島問題上，犧牲了越南共和國，再來犧牲了將近兩百萬柬埔寨人民的性命之後，也都是為了與中國的利益）。這事實顯示了兩個問題：第一，兩個國家之間的全面同盟的關係已不再適時。第二，連美國本身也有時不可靠！（也許現在他們正在努力來彌補具有道德性這錯誤？）

不過我們暫時只關心到第一個問題，是決定一些聯繫的客觀問題。當今世界已邁入在安全以及利益上互相依存的時期。Internet 和恐怖主義決定這一點。Internet 使世界變小，再也沒有地理、國籍、語言、文化等的界線。恐怖主義作為全球敵人的資格已經造成了跨國巨大的恐慌以及無盡危禍的陰影。世界從未像現在這麼平坦。但另一方面，世界從未像現在很多分裂。在 Internet 倡導創造出一種互相信任、利益上互相依賴的全球公民的同時，人們從未像現在被推開彼此、充滿猜疑、自私的算計。恐怖主義在很多問題上剝奪了各強國的大國地位。因為當解決由恐怖主義造成的恐懼時，沒有任何國家足夠自信不需要依賴其他國家。原本依靠一組國家、彼此互相依靠，而現在每個國家是一個很多錯綜複雜關係的集合。其必定不能紮實的、穩固的而必須鬆散、具有戰術性以便於改變。如東方理論說的那樣：敵人中有

著朋友、夥伴的要素,反之亦然!因此,兩國結盟遇到了無法逾越的障礙,這些障礙正是由他們自己利益的盤算造成的。如果放在秤盤上的話,那麼美國那些盤算比越南大得多。但是假使連越南和美國當還是彼此的軍事盟友時,都獲得重要的利益,那麼雙方難以克服的最大問題就是信任。

拋開成為美國全面盟友的願望而考慮到更現實和可行的連結吧。我們需要把握的機會是越南對美國來說從未像他們決定重返亞洲時那麼重要。他們清楚地知道我們是誰,我們可以做些什麼來幫助他們的目標。該目標是不允許中國以迅速地擴展海軍力量來併吞東南亞海以作為越過權力的紅色界限的跳板。幸好這也是我們的目標,與我們保護海洋和島嶼主權方面的利益不謀而合。這種利益正是越美兩國在戰略目標和長久利益方面上建立密切、相互依存關係最堅實、可靠的基礎。

建立該關係的時機正在成熟,而越南為了民族的長遠利益將會必須積極清理、勇敢地拋開由歷史留下的障礙來走向美國,而不是反過來先要求對方。

依靠自己

如果與中國發生衝突,越南將會單獨作戰,這是意料之中的事。因此在維護主權問題上,越南只有一個堅實牢固、唯一值得信任的依靠就是全民族的力量。在這個方向上,我們看到越南現在有以下六個重要的優勢和六個基本的劣勢:

在東南亞海的爭執問題上,越南的絕對優勢和實力正是在於地理位置和民族心理:有很長的海岸線以及在九千萬人口當中沒有一個人

害怕中國和接受中國的權力主張。沿著中國的整個穿越馬六甲海峽的三千公里重要航海路線，都可能屬於越南軍事力量的掌控之中。同時，中國的運輸量很大，必須經過這一區域。中國只在兩種情況下才可以安全：或者佔領全部東南亞海，在軍事方面，足夠力量控制它並獲得國際承認；或者接受那是國際海域的事實現狀，承認其他國家的主權。第一種情況是中國希望但從未實現的。因此，實際上，只有越南才能確保中國的航海安全。

第二個優勢是越南處於守勢這邊，也許被動於發生戰事的時間但是卻在戰局的支配完全地主動，能避免損失因此可以在夠長期間下維持戰爭，使中國的海軍與空軍力量銳氣盡失。中國最害怕的是不能快速地戰勝，必須漫長地打戰，那剛好是越南的強項：以少擊多並長期對峙作戰，不允許敵人以有利的方式收場。

第三個優勢是其餘的強國和歐洲聯盟大部分都公開或暗中站在越南一邊，因為他們不接受中國控制東南亞海。

第四個優勢剛好也是越南的劣勢：在對抗中的小國，是被欺負、在法理和情感上都屬於正義派的國家，將會得到各國人民的支持。中國不能忽視世界上數千萬人上街反對的示威遊行。

第五個優勢是越南有戰爭的經驗，有善戰的軍隊，及可精神上鼓勵支撐的歷史上戰勝沙場的實際案例。

第六個優勢是社會結構在戰時已經因受到鍛煉而有承受戰爭的能力。另外，由於越南比較小因此為了適應而改變的能力更快。

以下是六個劣勢：

　　第一個劣勢是我們的經濟潛力太薄弱，積累很少，導致國防潛力尤其是海軍與空軍在數量以及技術方面上都遠遠落後於敵人的後果。與此同時，我們仍繼續浪費國家一些最重要的資源，若戰爭發生將限制我們調動所有力量進行戰爭的能力。[1]

　　第二個劣勢是人民資訊被封鎖，對國家的情況，領土、領海的情況知之甚少，一旦戰爭發生的話，容易處於被動、驚慌的處境。

　　第三個劣勢是民族矛盾仍很嚴重，無法發揮海外與國內的最大力量。

　　第四個劣勢是聚集力量的核心，不再具有必要的吸引力，限制了在國家危急情況下領導與動員所有社會階級能力。

　　第五個劣勢是由於被中國長期操控輿論，歪曲事實因此越南的聲音對國際社會上不能明顯的引起注意。

　　第六個劣勢是越南沒有軍事的盟友。

　　我們提出的這些劣勢都是有主觀原因以及都屬於國家內部情況。因為這個問題完全取決於越南老百姓克服的決心。擁有一種信念，將沒有任何敵人可以打敗一個擁有將近一億的決心、有更多自尊以及有超越外邦人判斷的無限可能性的民族，我們提出如下懇切的建議：

---

[1] 我們正在以一種不可接受的方式浪費，包括：1. 浪費國家的財富和資源（僅 Vinashine 集團造成的損害已經相當於將近四千枚先進反艦飛彈的價格，相當於向俄羅斯購買的十二艘基洛級的潛艇，相當於數十艘具備隱身能力的印度現代驅逐艦。任何只要擁有上述的數量武器其中之一的海洋國家都被認為是擁有海軍力量厲害的國家）；2. 浪費人才；3. 浪費時間和機會；4. 浪費想法；5. 浪費靈感；6. 浪費愛國之心以及最後是；7. 浪費誠意以及各種道德價值觀。這些浪費導致民族的內力被長期的退化。

以一項法律來徹底實現民族和解，該法律其中嚴禁所有越南公民之間在不同時期和體制以及目前居住在世界不同國家的一切歧視和差別對待的行為，嚴禁報復、宣傳、煽動仇恨，惹起民族傷痛的行為。每年的 4 月 30 日成為和平日。[2]

　　能做到這一點，我們就擁有了一種即使面對任何侵略者，我們也不再害怕的武器。

結論

　　如何可以繼續在中國旁邊安穩地生活，江山穩固的問題是此刻的問題同時也是後代子孫、長遠的問題。不能推卸、逃避責任但也不能焦急、倉促、不成熟，因為無論喜歡與否，越南人都無法選擇北邊的另一個鄰居。任何錯誤也都沒有機會糾正或必須付出延續很多世代昂貴的代價。這是比其他的國家大事問題的基本差別。它一直處於未完成式，沒有結束。祖先為我們所留下來的一切是一個清晰的疆域，一個相對的和平以及一個寶庫的經驗以致長存。我們不能給將來留下一個比較差的遺產。

　　為了能夠達成此事，最重要的任務是國家一定要強大並成為一個全球價值鏈中的成員，愈快愈好。剩下的問題只是越南人將會用什麼方式邁向這目標？從民族的艱辛、悲傷之崛起和一個世紀的世界實際來看，已經足夠證據可以總結提出結論：沒有其他的選擇比為了動員與發揮全民族的各種力量而建設一個真正民主的社會的道路更好。這

---

[2] 譯者註：公元 1975 年 4 月 30 日南越政權被北越政權攻陷首都西貢，象徵越南統一、越戰結束。後來，這一日被越南政府訂為「解放南方統一日」（Giải phóng miền Nam, thống nhất đất nước）。

也許是越南人在這世紀中最艱辛、最痛苦、最多猶豫的道路。然而想到要在中國手裡活還是死二擇一，我們已經沒有太多時間可以考慮了。

河內 2012-5~2012-12

附錄：記者訪談錄

附錄一：我們和中國都需要和平

作者的話：在中國《人民日報》附屬的《環球時報》刊登恐嚇我們越南人民後，《越南網》（Vietnamnet）的記者已採訪我。採訪很快就完成了。但是後來該報的主管建議換題材，討論有關儒教對越南文化的影響。我給予拒絕。後來輪到原本訪問我的記者也拒絕擔任修改後的文章的作者。因此，當在Boxit網站首刊時，我不得不說我是回答一個關心到國家命運的大學生，但是出於微妙原因，所以需要保持匿名。現在讓我把這件事說清楚。

問：作家您好，聽說你經常揉著額頭思考，輾轉難眠、擔憂如何在日益強大但也愈來愈不遵守真理、道德規則，因賴以強大和崇拜狡猾而隨心所欲的中國旁邊生活生活？你認為自己有使命還是為什麼動機？

謝維英：的確我晝夜都想著這種非常艱難的問題。可以說是目前最艱難的。一家有名公司的總經理阮陳跋（Nguyễn Trần Bạt）[1]先生和我一樣也共同擔憂這件事。我們不只一直紙上談兵、光說不做以逞口舌之快而已。必須有聰明的策略，因為我們子孫後代將無法搬去任何地方以避開中國。但老實說，我還沒有看到可能的出路，可以將其視為向國家獻策的計劃。「國家興亡，匹夫有責」，更何況我是一個作家。愛國之心不只是我的，而是任何越南人民的生存的本能，何必要有動機才做自己認為必須做的事？

---

[1] 阮陳跋（Nguyễn Trần Bạt）是越南深受尊重的著名研究學者、企業家、經濟專家等。他也是《投資諮詢和技術轉讓公司》（Invest Consult Ltd）的主席。這是越南第一家負責連接外商投資的公司。

　　問：過去這幾日以來，全國正在沸騰關於中國在越南領海上挑釁的消息，對越南人愛國之心的挑戰。身為作家，您如何看待這一事件？

　　謝維英：這是必要反應的。首先在被外邦威脅之下，其散發出越南人充滿力量團結之訊號。沒有任何勢力夠強大足以戰勝一個有將近一億人民團結成的一個統一民族。其次，其向世界敲響了關於一個中國在好戰中崛起的警報之聲。只要觀察中國領導者的態度也能夠看出他們不能忽視這些如此的反應。一個中國的鄰國，被認為是以友善著稱的越南老百姓，但仍受不了中國的老大、居高臨下的態度，那麼世界將更要重新審視中國的口說和行為之間的差別，從而警惕、防禦。中國的形象將會在全世界面前變成醜陋、可疑，從他們那些兇猛、猖獗的行為，這讓中國非常害怕，因為這非常不利於其恢復"中國夢"的戰略。

　　問：中國所有一再挑釁的行為使越南人感到憂慮。在各個論壇上，很多人期待政府有強硬的措施來保護領土。在您看來，在當前的背景下，我們需要如何的應對？

　　謝維英：我們不需要因為歷史的曲折而遺憾、感嘆過去，我們已無意中縱容強盜在自己家中，直到他公然伸手偷走珍貴的財寶。當敵人正在侵門踏戶時，坐著互相指責彼此不是真心想要衛國的人該做的事。越南和中國之間關係的歷史原本是悲慘的！我們應該接受面對真相、面對現實。該現實是現在我們正在要非常辛苦才能與一個日益強大也日益暴力的中國和平相處。該現實是中國所有的目標都很明確、極其貪婪、長遠、規劃得很有規模、縝密以及永遠不會放棄。該現實是中國人已經佔領越南一部分的領土並從未有停下來的打算。對越南

人民來說，一旦如此的確定，他們會為所有的狀況做好準備。而對領導者，若這樣的了解那麼他們必須準備與其抗衡。與中國和解是兩國家的活路，是明智的選擇，甚至別無他法。然而要對他們有和平相處，有時候必須證明自己不懼怕戰爭。在平等、尊重的基礎上和好。因此一方面，通過國家形象、利益的束縛、老天賜予位置的重要性等，我們必須成為世界所關心的對象，另一方面我們必須擁有國防的潛力，能夠自己保護自己。我們必須證明我們不挑起戰爭但是誰要挑起戰爭將會後悔。我認為總理在芽莊（Nha Trang）的宣布是一個必要以及足夠的訊息。

　　問：最近一場於 6 月 5 日的和平遊行也顯示了很多越南人，尤其是年輕人對國家非常關心和有責任感的積極方面。與此同時，數百名公安、軍隊的將領；知識分子也已經出聲反對中國侵犯主權的行為。您認為，所有這些事情已經正確、足夠和聰明了嗎？你還有什麼其他想法？

　　謝維英：我已經回答了。但若還需要多說，那我就說：我們只能夠以愛國之心，加上理智的清醒以及政治的智慧才可以保護祖國。

　　問：中國所有對漁民的騷擾、勒索人質要贖金已發生很久了。東南亞海問題已非常緊張，但人民則缺少訊息。近期當東南亞海情形的訊息較公開時，中國也已經升級進行危險的步驟（引進巨大的石油鑽井平台、宣布扭曲且對越南導致危險的訊息等等）。缺少訊息的原因是在哪還是在執筆的人，社會中的知識分子已經「睡過頭」，對喚醒人民的愛國精神，主權，民族冷漠、無感？還是有其他原因？

　　謝維英：當祖國臨危時不要互相譴責！中國在要求東南亞海主權的蠻橫行為的傲慢因為我們已沒有採取任何強有力行動來阻擋他們。

我們以關於共同意識形態者的好心善良的幻想欺騙自己太久。中國前後是一個大漢的帝國！社會主義只是他們不變目標的一種有效暫時手段。我們必須清楚地看到這問題。我們理當很早就要向國際法庭提交西沙群島問題了。當他們用十六個金字催眠、哄騙我們的時候，他們就在暗中地實現十六個黑字：「堅持監視、全面破壞、四處啃食、賊喊捉賊」。別將友誼情感與國家主權混為一談，尤其是當那種友誼情感只是中國那方的偽裝時。

問：在您看來，如果中國用武力侵略東南亞海，我們將會依靠誰？海洋法公約得到世界承認、DOC、意識形態相同的兩黨之間的友誼關係是否會有什麼樣的角色使中國考慮？

謝維英：首先我們依靠海外與國內九千多萬越南人的愛國之心。這是最牢靠的靠山。我們必須要相信自己的軍隊，一支經驗豐富的軍隊。另外，我們是東協的成員國因此可以善用將近六億民眾的輿論作為外交的施壓。如果整個東協堅決反對中國使用武力的話，那麼美國儘管跟中國有短暫、很大的利益將不能充耳不聞、置之不理，並若發生戰爭，也不會置身事外。我們有些很好的傳統朋友和相關的利益如俄羅斯、印度、日本等以及我們必須善用這種關係。那些國家目前有很有遠見卓識的領導者因此他們必須預料到中國有足夠力量生吞活剝自己的時候。

中國只知道一種法律，那是大漢法律。別指望他們遵守國際海洋法公約，也不要奢望他們尊重 DOC[2]，或協商中的 COC[3]。當實行大漢

---

[2] 譯者註：DOC（Declaration on Conduct of the Parties in the South China Sea）《東南亞海各方行為宣言》是中國與東協成員國之間的簽署而不受法理之約束。

[3] 譯者註：COC（Code of Conduct）《南海行為準則》，中國與東協成員國正在談判的過程中。《東南亞海行為準則》的目標是要依法律規定建造出一個框架，來管理東南亞海各方的行為。

法律的時候，就是土匪之法律，他們都準備好將包括聯合國的憲章在內的其他法律都變成廢紙。但在他們還不敢這麼做的時候，我們仍然必須很有明智技巧地依靠這些文件、協議來將他們置於被孤立的局面。

問：藝術文學是帶給人民訊息最婉轉、溫柔的道路。當看到母國被侵犯以及祖先的血肉被踐踏時，有多少好看的作品或有多少文藝工作者、知識分子站出來點燃人民的悲傷、意識和感情？

謝維英：有一個事實就是如果有某人想要名正言順這麼做是不可能的。我（也許還有很多人）很早就已知道，當中國同意流通數百部作品，數千篇報導公開攻擊、詆毀和誹謗越南，使中國人民誤會我們，再來是使用真真假假的方式來威脅、警告我們並煽動大漢精神，為吞併越南主權目的服務的同時，越南則禁止人民公開評論，甚至對一些熱情地揭露中國陰謀的網站找麻煩。因此，越南人民若只依靠官方的消息，像最近的一些事件中，將會完全地被動。當人民都了解國內與國外的形勢時，國家主權才能夠得到保障。

問：許多人認為東南亞海的那些演變是緊張衝突。但是像文化侵略，中國電影在越南電視頻道鋪天蓋地出現、中國貨物產品氾濫等的問題依然延續。在這些事情當中，越南的文藝工作者、知識分子在哪呢？

謝維英：從幾千年來中國的文化侵略仍一直不斷地繼續。但是我們有沒有被奴役，問題就已經很清楚。不過，無論抵抗力有多強也不能主觀。更何況，也應該分辨哪裡是有意圖的侵略，哪裡是具有全球化的影響。如果是由全球化的話，那麼以禁止方式來對抗是沒有意義的。我們要保存越南文化就必須另闢蹊徑，並不能取決於文藝工作者

即使他們突然很慷慨地決定放棄酒吧、放棄職權或俸祿頭銜的競爭然後多麼熱情踴躍加入時局。

　　問：最近的高潮，《到昇龍城之路》（Đường tới thành Thăng Long）的電影被視為是「說越南語的中國電影」已經於憤怒浪潮火上澆油。作為作家，您如何嘗試解釋這一點？越南文藝工作者的民族意識太弱還是像我們很熟悉的「由於環境」的說法？

　　謝維英：我還沒看過那部電影因此不想憑空揣測。但是我知道在越南拍歷史電影還是一件很困難的事情。首先因為歷史仍很庸俗、幼稚的被政治化，何況我們的電影製作人則習慣看眼前而不想到未來。

　　問：網路上流傳中國作者的報導文章並被視為是對越南的嚴肅提醒，其標題為「越南重新閱讀歷史吧！」您閱讀過它了嗎？您的反應是什麼？

　　謝維英：我有閱讀過了。我當然要閱讀。而我認為該再次閱讀歷史的人是中國而不是我們越南。從越南是一個獨立國家開始，一共有八次中國出兵越過邊界（第八次是在 1979 年），八次他們都被打得落花流水。他們的北京城從未被空無一人因為敵人還沒到他們政府已投降。而越南昇龍城曾經因為他們而空城或滿目瘡痍至少五次，但是我們民族從未失敗過。很多人擔心如果中國一直使用武力來佔領東南亞海，那麼我們可以守住嗎？我不是軍事家但是我也有一定的理解，可以說是如果他們用武力占領東南亞海的話，他們就會得不償失，甚至一無所有。在和平的情況下，我們祖先都主動與中國講和並有一些退讓。然而在戰爭的形況下，數次侵略者被變成老鼠，只望還有命逃回中國。中國人一定還記得全部，以便了解這一點：如果中國想占領東

南亞海，越南絕對會讓他們付出代價，沒有任何一艘插有中華人民共和國旗幟的船隻可以平安駛過這海域。他們的國力比我們強大幾十倍，但是他們的邪惡程度以及容易瓦解的程度也比我們高幾百倍！我們需要告訴中國人，他們為了存在與發展比越南更需要和平。

附錄二：

中國其實正在告訴我們該做什麼

阮廌（Nguyễn Trãi）：「遂令宣德（明宣宗 Minh Tuyên Tông）狡童，黷兵無厭」。

阮惠（Quang Trung-Nguyễn Huệ）：「那些吳狗賊[4]是什麼東西而我們要害怕」。

作者的話：

從本文到附錄部分（摘自個人網頁）都寫於中國海洋石油 981 鑽井平台在越南專屬經濟區（越南依 1982 年聯合國海洋法公約擁有）進行違法石油探勘工作。所有這些都第一次刊載於 Quechoa.com 的（一個信譽良好以及網站流量很大的個人訊息網站）網站上。很遺憾，網站管理員、著名作家阮光立（Nguyễn Quang Lập），一個強烈愛國人士卻因此被逮捕以及 Quechoa.com 被強迫關閉。

當俄羅斯人登陸克里米亞半島時，我對即將降臨自己國家的艱辛感到震驚，中國肯定會利用輿論的分散來實現偷襲各個鄰國的企圖，當天下人們尚未來得及意識到的時候就一切都已經成既定事實了。為什麼越南是中國這次採取行動的選擇這就很容易理解。相對菲律賓或是日本來說，中國最害怕美國的干預，而實際上這是不可避免的事。中國要與越南起干戈，除了對美國有戒備之外，中國深知不能忽略俄

---

[4] 譯者註：指清國。十八世紀時清乾隆皇帝派二十萬大軍攻打越南卻遭遇越南英勇的阮惠帶兵抵抗，導致清軍潰敗。

羅斯，雖然與越南與俄羅斯沒有任何盟友的承諾但兩國之間有許多經濟和地緣戰略的共同利益。然而，這兩個大國，美國和俄羅斯，則正在被捲入烏克蘭（Ukraine）危機的螺旋。當美國必須對歐洲盟國實現不可推託的義務時，因此無法將適當的關心集中於在受束縛較少的地區，那麼俄羅斯正非常需要中國來攻破圍困。或許中國也對這個難得的機會感到驚訝，因此他們立即採取像我們在過去兩週所看到的行動。

不過也需要馬上說，海洋石油 981 鑽井平台很多年前已被建造，唯一的目的是勘探東南亞海深水的地區。早在習近平跟越南這同級者鄭重地承諾是會在兄弟友誼和注重大局的精神上指導解決兩國之間的爭執之前，這海洋石油 981 鑽井平台已被啟用以及開始運作很久了。而當李克強總理親自到河內來表達「同志」情誼高於領土爭執得來的利益時，那海洋石油 981 鑽井平台已經放在東南亞海。這巨大與耗費昂貴的石油鑽井平台不是生產出來玩的！因此儘管烏克蘭事件不發生，那麼那間偽裝的移動軍事基地還是被設立在今天的位置，屬於東南亞海的軍事死穴。因此，如果只停留在烏克蘭事件作為中國侵略越南海域的原因，我們就可能在觀察情形和提出各種對策方面上在犯很大的錯誤。那個時候，我們對中國具有投機的行為與他們醞釀了從幾十年來並計劃在將來幾百年要達到的意圖之間容易混淆。廢除中國一個投機的行動不太難，包括他們現在的軍事力量（中國對這件事很了解，尤其是現在越南與世界之間在戰略利益的連環關係，特別是越南也已經來得及擁有準確度極高的現代武器的時候）。但是根除掉被稱為中國的這塊貪婪惡性腫瘤的根源才是困難。而且世界將會了解，這項任務不僅僅是越南的責任。

　　然而從現在到人類必須付出代價的時候，像曾經在世界第二次大戰的付出代價（譬如在阻止希特勒過程中各國的自私盤算的案例）一樣，還有很多利益的遊戲足夠眼花使人類沒有體力為遠景做打算。只有誰直接受到傷害才是必須想辦法為生存的權利戰鬥。

　　在與中國對抗中，我們正屬於如此地弱勢和孤獨者。

　　為了減少不需要的分散，我會略過導致越南到像最近一個人單獨對中國的對抗的地步之原因，因為我們自己常常教育子孫「律人者，先律己」（責怪他人之前先反思自己）。（接下來也許我們應該表達出慚愧的態度並肯定艾奎諾（Aquino）總統敢公開、強烈的譴責中國侵略越南海域的行動。）現在正是水深火熱的時刻， 我不能多做任何引起分裂的事情。

　　首先，到此為止，我對政府到此為止非常聰明的行為有高評價。在對外邦的侵略面前，這符合越南人的傳統。我們需要籌劃各方面以便維持有幾天、甚至是幾個月界限的對抗，直到中國找到某一個光榮的藉口，將鑽油平台移出領海[5]。最容易猜到的藉口是他們會宣布探勘工作已經完成目標。（他們提出三個月的時間是作為萬一局勢不像他們所期盼而必須撤退的時候的備案；看來這情形正在發生）。越南這時候任何缺少決心的想法都等同承認中國對西沙群島與東南亞海的要求。

　　這必須被看成是一場真正的戰爭，考驗著所有越南人民不屈不撓的本性。

---

[5] 當海洋石油 981 事件發生時，自由亞洲電台（RFA）的越南語節目的記者莫霖（Mặc Lâm）曾採訪國內一些知識分子、文藝工作者有關於中國一方在其提出時間之後可能發生的情形。我認為中國的鑽油平台將不得不提早移開，此意見被視為過於樂觀。

　　為了後代子孫的未來，我們只允許贏，而沒有失敗之資格。如果我們把當前的任務與國家的存亡相提並論，那麼必須堅定地捨身。我相信，儘管還有很多的內部分裂，但在政府的背後，是整個民族具有熾熱的抗外侵略精神。面對北方敵人的危險，越南人不得不暫時擱置一切分裂，以團結為一個力量，就像我們祖先曾經所做的那樣！

　　當前，越南面臨很多困境，但不保證若對中國延後行動會對越南來說更有優勢。因此，對我個人而言，中國的果斷行動、趁機出其不意也透露出其急躁和倉促。正因如此，他們已經告訴我們在為時已晚之前，我們該怎麼做。

　　首先也是最重要的事情，它造成了一種使越南領導人在與中國的對策中，被迫迅速果斷地取得共識的情勢。從今以後，沒有人可以死不要臉引用「16 個金字」來欺騙而不感到羞恥。中國是那個金字的作者而且當它不再有用時，他們自己把它丟進垃圾桶。沒有什麼理由使任何越南人再挖起那具臭氣熏天的金字屍體放在自己的桌上。

　　那就結束了一場無法估量的後患。考慮到目前的條件，除了中國，沒有人能為越南人做到這一點。

　　中國剛剛肆無忌憚的行動，已幫助我們看到自己危險的弱點。這個弱點是越南在對有關中國外交政策上過於被動。當中國公開優先與美國打交道時，越南卻因害怕中國憤怒的反應而不敢行動。當菲律賓被中國船隻騷擾，迫使他們必須將中國告上國際仲裁法庭時，為避免被集體圍毆，中國希望越南沉默，置身事外，以減少輿論的重大壓力。如果我們有足夠的勇氣來主動將利益與菲律賓聯繫起來的話，情況可能會有所不同。現在正是中國給了我們的領導人一個能脫離他們

陰霾的黃金機會。在當前由中國主動造成的情況下，我們沒有什麼理由不主動與美國、日本、印度討論我們的航海安全戰略以及軍事合作，主動與東協中有海域的國家領導與支配全東協對中國的外交政策。有一個事實是，如果連我們自己，與中國有最多爭執的國家，都顯得懦弱就不能要求別人一定要堅強。

我相信，透過海洋石油 981 鑽井平台的事件，越南軍事家會被嚇一跳，意識到海岸防禦存亡的重要性。那個巨大的鑽井平台完全可以扮演在海上大規模侵略的後勤基地的角色，但卻假藉民用工業設施單位之名以便避免受攻擊。如果在中國部署石油鑽井平台的地區爆發戰爭，我們須擁有射程五百公里，將西沙群島的一切都置於在保護範圍內的強大反艦飛彈系統的時候，才能比他們佔優勢。

現在也是越南國會早日頒布一個民族和解的法則的黃金時期。無需等到海洋石油 981 鑽井平台的事件也可以提早了解世界的干預程度是很有限的。我們必須接受這一事實，意思是只有越南人才為自己國家的利益拚死拚活。就人口而言，我們是一個大國，能夠力量抵消中國所有的野心。問題是要會調動所有越南人正在有的優勢。不進行民族和解就很難在中國的野心前面捍衛領土和領海。考慮到過去半世紀，越南人民的騷亂、分裂的事實，需要一種有關於和解、和合的法則才可以解決得了歷史傷痛留下來的許多問題。我耐心以及懇切地再次重複這個無法躲避的要求。

經過上述那些急迫的問題，越南必須實現最重要的事情是進行全面、深又廣、走向接近文明價值的政治改革。正是中國內情的實際再次告訴我們不能猶豫。中國現在的政治體制遲早也是世界以及中國民族本身的禍害（只光是過去五十年，該體制因領土的野心已啟動了三

次區域規模的戰爭，自己殺害數億中國人民，現在正是世界無法預測的危險等已經是那事實的證據）。既然不能隔山隔河不當他們的鄰居，我們可以做的事就是在政治方面遠離他們。若跟隨他們，我們將永遠成為缺少陽光的影子以及總是處在伺候他們的地位。

中國做什麼事都精打細算。海洋石油 981 鑽井平台是一種與中國勝負各半的實驗，是為了他們獨佔東南亞海野心具有決定性的步驟，但是也很有可能這只是殘棋。中國將會使用鯨吞蠶食的方式占奪越南、菲律賓以及其他國家的一些領海，然後才在其創造出的新局面的基礎上，假裝「做榜樣」催促東協簽署被中國刻意拖延時間的《南海行為準則》合約！中國一邊利用《南海行為準則》合約，等到達成其目的後又撕毀《南海行為準則》合約以便繼續耍花招。我們必須清醒、警惕才不會落入他們的陷阱。

附錄三：亦敵亦友的同志

只要單看稱呼方式也看出一部分越南與中國之間既悲又喜的歷史關係，其中最明顯的是同志這個名詞。

在二十世紀的六十年代，兩國領導人之間的同志情感達到最濃郁的高點。當時，即使將近一億中國人民死亡或遲早也因文化大革命而死亡，其亦無法阻擋得了素友（Tố Hữu）[6]為同志感情寫道：「那個中國哪種神奇的手／已再重塑容貌姿態／乾涸田野面被所有田埂抹平／像人臉燦爛鬆開所有的皺紋」。

毛澤東親切得越南小孩們也稱他為「阿伯」（Bác）。這是中國要越南抗美抗到最後一個人民的時期，因此中國都準備承擔如毛澤東所說的「越南的巨大的後方」！原來從那時候，有時彼此是親密同志，有時是「志同道合」以解放人類、廢除邊界、建立大同世界，但同時間「毛阿伯」已經仔細地準備侵占被他稱為「阿伯子孫」的越南海島。1958 年用欺騙手段的公函是一個證據。[7]

1974 年，中國侵略當時由越南共和國（南越）政府管制的西沙群島。正是毛澤東發此命令。由於是同志，因此北越政權被逼迫必須保

---

[6] 譯者註：素友（Tố Hữu）（1920-2002），本名為阮金成（Nguyễn Kim Thành）。越南詩人與越南作家協會會員。曾獲胡志明文學獎。

[7] 譯者註：指范文同公函（Công hàm Phạm Văn Đồng），於 1958 年越南民主共和國總理范文同給中國周恩來的電文表示"贊成"與"尊重"中國於 1958 年 9 月 4 日發布的「中華人民共和國政府關於領海的聲明」。中國以此電文作為越南承認東南亞海屬於中國的證據。

持沉默，彷彿是跟自己無關，是兩國鄰國的事情[8]。北部民眾從沒有任何消息，從不有情緒因此他們對領土被佔領事情沒有任何感覺。或如果有稀少的一部分人了解的話，則感覺那是幸運的事，因為敵人（即越南共和國，被北越稱作偽政權）失去可以攻進社會主義的後方的一個戰略位置！同志這名詞容許中國是朋友，而南部的骨肉親兄弟卻被視為敵人！越南人歷史中還有比這更悲慘的事件嗎？[9]

　　該來的事一定會來，隱藏在同志名詞背後的中國所有陰險事情終於也揭露了。雙方的五萬多名「毛伯伯的子孫」（美國的估計數字）在邊境六省的一場彼此的血腥戰鬥中死去，其中每一個半中國人交換了一個安南人的生命。1979 年，越南河內出版越中關係的白皮書，譴責、告發中國的背叛、耍花招、利用越南的困難以圖謀逐漸地吞併。因此沒有什麼兄弟姐妹、後代子孫了，指名「毛澤東反動派」是吃飽漢人的肉之後再吃越南人的肉的主謀。1980 年越南憲法中甚至明確指出，中國是一個直接的、長期的、危險的敵人。北京的領導人當然是侵略者。曾有報紙公開稱秦始皇的後代為「中南海犬」，而鄧小平為「牛仔小矮人」。制蘭園（Chế Lan Viên）[10]著名通俗詩句「毛伯在不

---

[8] 我不記得了在某一個資料中有說，中國佔領整個西沙群島之後，河內（Hà Nội）有致電感恩中華人民共和國已經「協助解放」北部的一部分領土，使其脫離敵人手中？中國沉默。我沒有機會驗證該資料的準確性。但如果真的有這樣的事情就可以視其為間接證據來確定越方對該群島的主權。不過還沒有看到任何官方消息確認這件事。

[9] 中國大陸與台灣之間的關係在仇恨程度與意識形態上像是越南南北的國家分裂時期。然而當毛澤東命令中國軍隊進行占領西沙群島時，台灣政府在蔣介石的時代下，抱著有朝一日將會回去中國的想法，已迅速地有默契製造機會讓中國海軍在接近作戰位置得到順利。想到這就感到越南人民的艱辛！

[10] 譯者註：制蘭園（Chế Lan Viên）（1920-1989），本名為潘玉歡（Phan Ngọc Hoan），越南詩人與越南作家協會會員，曾獲國家藝術文學獎，為開啟越南現代詩歌做出貢獻的人之一。

遠處／我們胡伯就是毛伯」的作者，當時就有著整首「小矮人的吟詠」之詩，用創作來嘲諷鄧小平這牛仔傢伙。詩很長，自由體裁，其中有一句，大意是：「小矮人穿牛仔褲／小矮人喜歡巧克力等」（也許為了禮貌，詩人不忍說小矮人喜歡美國屁而已！）這首詩，如果我沒記錯的話，是八十年代初發表在《岩石上之花》（Hoa trên đá）的詩集中。不僅是文藝工作者，包含原本對政治氣氛敏感的制蘭園詩人，連當時專業政治家的無數言論中，也毫不避諱地稱那些曾經親北京的同志們是國際反動派、大漢之幫子、資本家的哨兵等。

1985年，當時我正在老街省（Lào Cai）當兵，該省因越南和中國軍隊交戰而破壞得殘缺不全。還看到每天早上雙方隔紅河用喇叭對準對方，一方叫罵毛鄧反動集團，強加所有罪名，另一方用雙倍功率的喇叭壓過，怪聲怪氣地對「黎筍（Lê Duẩn）黨羽」強加很多莫須有的罪名。我們受到政治指揮官貫徹—必須叫中國是北京的擴張黨羽。在當時每一個軍人都非熟不可的十首歌當中，有范宣（Phạm Tuyên）[11]音樂家《邊界的天空上槍聲已響》（Tiếng súng đã vang trên bầu trời biên giới）的這首歌，其中有這一句「膨風野蠻的侵略賊」。每天，在每次聯歡、聚會之前，大家都一口同聲大喊「膨風野蠻的侵略賊」。

掃描 QR code 聽紅歌

---

[11] 譯者註：范宣（Phạm Tuyên）是越南著名的音樂家，其一生貢獻給音樂，創作許多關於國家歷史以及兒歌，被稱為「用音樂記載歷史的人」或「人民的音樂家」。

　　當與中國聯繫在一起時，「同志」名詞從越南所有的文件，文化、政治以及社會生活等的語言中消失。誰敢使用其來與中國稱呼那麼誰就是不倫不類者、缺乏政治思維者，有賣國的野心者（追隨陳益稷（Trần Ích Tắc）、黎昭統（Lê Chiêu Thống）的腳步）。而且除了陳益稷、黎昭統是被正式宣判賣國賊的歷史人物，至今在他們的名冊上已經多了黃文歡（Hoàng Văn Hoan）[12]這名字的列入等。沒有人會跟永恆的死敵「志同道合」的！

　　這情況延續到 1990 年之後，然後歷史總算揭曉讓我們知道有成都會面。越南領導者，這些明顯是在該會議中居下風的人，可能因差勁、愚笨、沒警惕等將會被歷史取笑，但是我相信他們若有罪也是因為他們的「天真」所引起。他們天真地相信中國的話。相信在蘇聯悽慘的瓦解之後，社會主義如冰塊遇到太陽正在融化而且只能由中國來保衛。儘管中國是使爛招、陰險、惡毒的鄰居，但卻是馬克思理論安全固守、根深蒂固的地方。因為，像共產黨著名的理論家阮德平（Nguyễn Đức Bình）所肯定，「如果現在的時代再也不是全世界從資本主義過渡到社會主義的話，那麼我們越南國家，越南共產黨今後將會走什麼樣的道路？」（是「將會死」這詞語的一種很浮華、花言巧語的表達）。意思是民族命運已經被釘在十字架上了，必須走過唯一一條名叫「過渡到社會主義」而另一頭是死神的隧道！沒有第二條道路！那有多危急啊。如此恐嚇誰不怕，尤其是那些習慣打鬥勝於讀書的人！

---

[12] 譯者註：黃文歡（Hoàng Văn Hoan）（1905-1991），本名為黃玉恩（Hoàng Ngọc Ân），越南共產黨政治部委員，國會副主席。1979 年他逃往中國，間接支持中國對越南的進攻。黃文歡後來於 1980 年被越南政府以「叛國」之罪判死刑（但無法執行因他已逃至中國）。

是的，或者過渡到社會主義必須與中國再恢復同志關係或者死！各位選擇吧。優秀理論家的通牒很清楚。其他國家像日本、韓國、新加坡等有著一千條到將來的道路，管他們，誰也不能偷看。若要怪就只能怪：誰叫你生出來是越南人？

阮德平先生與其他像他的主意的人卻忘記（或故意不知道）一件事情：他們的中國同志們從未將社會主義視為一種重要的東西。關於越南同志所虔誠崇拜的馬克思教義理論，我們讀讀看毛澤東充滿諷刺的教誨吧：「之所以我們研究卡爾·馬克思理論不是因為其美麗的論調，也不是其擁有著驅魔神蹟的神妙之法。其不美，其也不神妙。其只有利益（作者強調）。有很多人認為其是治療所有疾病的靈丹妙藥。正是這些人已經視馬克思理論為一個教義。必須說讓他們明白的是他們自己所崇拜的教義利益不如肥料有益。肥料還可以使土壤肥沃，教義做不到這一點。」

成都會議（Hội nghị Thành Đô）與一些仍在祕密、不明的協商繼續引起謠言猜測，已經把同志這語詞再帶回兩國之間，為越南造成一個不可說是不重要的相對和平的階段[13]。不過基本上，其引起越南人命運默默地改變，這改變主要是往消極方向的。由於是「同志」因此越南的大小事都必須參照中國。越南河內的各領導者甘願當他們的「徒弟」，接受全面的依賴。（如阮仲永[14]先生最近的透露，中國對越

---

[13] 我們在批判成都會議（Hội nghị Thành Đô）時，需要多一點公平。當時國家的情形，由於一系列錯誤的政策，已經處於像雞蛋放在拐杖頭的程度，需要有和平來尋找出路。需要責備的是所有那之後的發生，持續了幾十年，已錯過了與文明世界接軌的黃金機會，尤其是跟美國正常化的關係，能夠有助於國家現代化，創造出包括軍事、外交的力量，進而與中國建立平等的關係。

[14] 譯者註：阮仲永（Nguyễn Trọng Vĩnh）是越南人民軍的少將，前駐中華人民共和國大使（1974年-1987年期間）。

南及各國最關心與干涉的內政是該國選拔國家領導人的議題）。中國偷偷和積極地全面準備為占領東南亞海卻以同志情誼作為蒙蔽越南之物。由於同志情誼越南不敢公開洩漏中國欺負越南漁民，常常用其他詞語稱之。明明是中國船但是要叫作「陌生船」。多年來越南一直不敢選擇好朋友來交往（任何一個國家也比中國對越南好），即使知道這是對國家有長久的利益，只簡單因為那些朋友跟中國沒有志同道合，跟他們來往就會惹中國不高興。在國內，任何人提到中國的野心也被視為是影響大局，擾亂安寧！很多人只為了愛國之心而惹上大禍？中國徹底地利用「同志」這緊箍咒來控制越南，包括對內以及對外。「同志」這名詞在以往從未像最近這二十年來帶給中國這麼多利益。[15]

當然最大損失的人是越南。

寫到這裡，我突然想停下來以追溯「同志」這名詞的根源。其是何種符咒而將越南囚禁在中國束縛中束縛得如此悲慘，如此簡單卻刻薄使越南民族命運仍長久地[16]悽慘、翻來覆去，以及該「同志」（更遠的是社會主義）還要蠻橫到何時？

幾乎所有主要的語言都有「同志」這個詞，而且一開始它一定不帶有政治色彩。在出現遵從共產主義者之前，其在中國已經被使用幾千年了。幫會、有組織的黑社會幫派、在法律外活動的政治幫派如東

---

[15] 即使對任何條款的內容都不了解，大家仍會有很多關於成都會議內容的疑問（人民習慣稱為成都協約），因為越南政府到現在仍決定隱瞞消息。正是如此，還有一些較普遍的假說是成都會議有提出將越南合併為中國的一省的路線圖。我相信越南一些領導者因為將黨的存亡置於國家利益之上，已懦弱地讓步中國於一些重要的問題，影響到國家安全，但是我尚未找到證據（以及是直覺）來相信上述的假說是嚴肅的。

[16] 譯者註：法國殖民之後，越南基本上就已經「脫離中國」。但後來越南選擇了當中國的同志這條道路，使自己又回到北屬時期並一直持續到現在。

方的三合會、美國因種族歧視而專門殘暴地殺人的三 K 黨組織，這些幫會、組織的成員都視彼此為同志。希特勒的納粹黨，結合完美極端民族主義和社會主義也互相稱呼同志。最深刻的同志情誼也許屬於以波布為首的柬埔寨共產黨。共同去搶劫的目標也是同志。只簡單是因為其志同道合的，一個純粹的語言概念。它從未像許多人認為的那樣會有盛譽的背景，並且仍在宣傳。後來，其被政治化且成為共產者的獨裁式專有稱呼方式，用來創造出與世界其他大部分在交流中意識形態的差異。其就像君主制與共和制，社會主義與資本主義之間的區別等。

海洋石油 981 鑽油平台事件之後，在越南與中國之間的政治交往文化中「同志」這詞的命運再一次變得比任何時候都悲喜與薄弱。之前政府的媒體都用先生、您等的詞語來稱呼中國領導者。二十年後的第一次，當越南電視台報導楊潔篪來河內時，沒有在他的名字前使用「同志」這個詞。因為正是中國已經使「同志」這詞變成很尷尬。難道經過這麼多事件，中國露出無賴的面貌、惡毒的野心，又再是彼此的共同志向，那麼這不是很荒謬和愚蠢嗎？數以億計充滿自尊心的越南人「堅決不以神聖的主權換取不切實際的友誼」一定會感到被侮辱以及憤怒。越南同胞的屍體因中國的槍械及彈藥仍在東南亞海上飄流。沒有人會同意與侵略自己國家、殺害自己親人、同胞、兄弟共同志向，除非要明確地稱為敵人同志！

兩國家經過幾千年來（至少是到1949年之前）的關係歷史事實表明越南人從未與漢人共同志向。其理由很簡單，因為中國的利益總是伴隨著吞併與啃食越南。和平相處是生存和發展的重要條件。但越南如果想與中國有真正地和平相處就必須完全獨立於他們。但想要這

樣，民族必須是所有政治打算的最高利益，體現在具有數百年願景的
國家戰略中，是完全自由和純粹的知識精英階級的產物，而不能局限
於少數人的意識形態和只是暫時的議題而已。

　　別無退路。

　　任何基於意識形態相似性或具有黨派相依的親密的幻想，最終只
是一種按照中國劇本的逐漸自殺方式。

附錄四：大政客難道有權無恥？

　　沒有人懷疑做為一個將近十四億人口強國的首腦習近平先生是一個大政客。敢想到一場炫耀自己國家關於發展速度、經濟潛力、軍隊、領土面積等的「中華夢」，雖然當放在「美國夢」旁邊時聽起來有些可笑和粗魯，但若不是對自己的大政客角色有足夠信心的人肯定不敢這麼說。即使對寫這篇文章的作者來說，習先生正是必須被不客氣地驅逐的侵略者，但是說實話，很難阻止我希望越南也有一個像他的遠見、本領以及果斷的程度的政客來帶領民族脫離由中國巨大的影子所造成的萬世和永遠的暗無天日。因為是一個強悍的政客所以他很懂得如何利用天下的大亂來為自己中國民族牟利，像是最近的 5 月 2 日迅速地於越南領海強設海洋石油 981 鑽油平台，然後大聲的說，那是在自己的領海上做正當的事？對權力會有多大的信心，習先生才毫不留情鎮壓那些敢向大漢要求更多的自治權的原本被視為「狄、戎」的人民？

　　雖然正在崛起成為強國，但中華人民共和國這國家也正處於包含民族問題的內部動亂之危機。經濟增長、高人均收入、強大軍隊與警察等仍無法確保中國式政權的穩定。那些發生在北非的事件，不少國家收入是中國的兩倍或三倍，即使受到限制也比中國自由好幾倍的地方，這些習先生一定很清楚。只要他國家 GDP 成長下降到百分之五（5%）是數以千萬中國人將會失業而他們將會作亂。那就是給某人想爬很高，以垃圾造一座山，然後坐在山頂，只為了滿足可以騎在天下頭上的感受所必須付出的代價。只要幾場遊行就會使西藏、新疆、內蒙等覺醒，想辦法脫離原本尊崇霸道政治的漢人的枷鎖，那麼中國就會馬上露出自己「紙老虎」的本質。

　　做為世界級的政客，因此他當然很清楚那些國內的危機。如果這些他還不知道的話，我就會告訴他讓他徹底地了解：譬如一枚導彈射到河內或西貢的話，越南人民就會帶著各種武器湧向邊界地方；而一枚導彈掉落到北京或上海時，中國人就會急忙躲在西藏那裡找脫身的地方，或為投降的文件提早找措辭。我們，你和我，即使想要透過像你的行動，透過像我的思考，改變自己民族那種天性也束手無策。

　　但跟你的政治知識相比的話那是微不足道。因此如上述情況，我仍足夠證據相信你是一個大政客。

　　然而你剛剛使我這認定被動搖。這整個世界地平線都知道什麼危險正天天在東南亞海上發生，而其肇因是中國對越南領海的傲慢侵略。當馬來西亞（Malaysia）納吉·阿都·拉薩（Najib Razak）總理，抱著還沒付完 MH-370 這筆債的心態到北京會談時，因必須努力以和為貴，說一些客套話讓主人高興，這時中國的大政客主席又冷冰冰地宣布：「東南亞海的情形仍平安？」

　　越南人用無恥這詞語來定名這種方式的行動。

　　一個大政客難道有權無恥？我無法自己回答這問題，因為我不是一個政客，只好請習先生代為回答。不過我可以依越南人通用的意義幫你解釋無賴這詞如下：其暗示某人做壞事、丟人現眼的事（如偷竊、說謊、欺騙、搶劫等）卻不懂得羞恥，而是在世人面前仍涎皮賴臉地說仁義、正直的話。

　　對越南人民來說，一個厚顏無恥的人只值得鄙視、憐憫而決然不可怕。

附錄五：在國會按鈕－關於「特區法」

也許實際上在共產黨領導下國會已經按下了關於「特區法」的按鈕，或者誰不打算按還是會不得不按下它（像投票表決越南河西（Hà Tây）與河內首都合併一樣）但是我仍耐心跟各位多說幾件事。

各位曾經允許成立幾個國家經濟集團，理由是為了製造出很多鋼鐵拳頭帶領越南追趕上韓國。當時誰說不一樣的內容就是被恐嚇說「政治部已同意了」。現在看到了吧，經濟集團模式是國家尚未有出路的慘禍，是中國廢物技術在越南人民頭上掀起了風暴的地方。並且本來要迅速地追趕上韓國，我們實際上已經落後他們幾十年了。

各位曾經允許中國在中部西原（Tây Nguyên）開採鋁土礦也是為國家增長預算創造收入來源的理由。當時知識分子界試圖大力勸阻都被各位當耳邊風，而那些阻止的人卻被認為是破壞和敵對勢力。在國會上，如果有誰說不一樣的內容就是被恐嚇說「政治部已同意了」。現在各位已經看清楚了沒？賠本（虧大）還不是最可怕的災難。環境被破壞嚴重並不是最驚悚的慘禍。請想像幾十年來，中國企業們不做生意，而是在準備更大的事是吞併領土，那各位一定可以想像什麼會發生，即使我真的懷疑大多數各位的智慧與愛國之心。

各位曾經允許台塑河靜（Formosa Hà Tĩnh）工業園區，一個因製造污染而到處被追趕的經濟集團，進來佔據河靜（Hà Tĩnh）海岸的衝要安全區長達 70 年，仍然以同樣的理由是為經濟增長創造動力，為外商投資創造美好前景，振興一個貧困地區，還有這就是喚醒潛能，這就是提升潛力等。現在各位看到了後果已在眼前。我敢保證，台塑為

我們國家創造出的東西，只等於他們使越南民族的人民失去的一小部分[17]。更何況，在漫長的 70 年裡，還會有多少像已經發生的驚悚事故，伴隨著是漁民因海洋被污染而失去生計來源，而沒人敢預料可以控制的叛亂。

我不是一個強詞奪理的人，更不是一個民族主義的信徒而一律排華。即使模仿中國，但因為越南領導者的智慧，眼光還差他們差得很遠，所以有「很多事情」一直輸給中國。這是一個事實。但我想首先說出的事實是，在從來沒有像現在殘暴與貪婪的大漢獅子的眼中，我們正在讓自己成為美味的獵物。

還有太多其他的例子而我沒足夠的興趣和精力來列出，但我知道各位都很熟悉。然而我已經列出和尚未列出的事情，不是為了增加各位已經和將要受到的羞辱，而是提醒各位記得，在決定國家命運和生命的一個更重要的問題之前：建立各經濟特區的問題。我認為，過於狂熱的情感的社交網絡，當將公眾輿論的注意力導向到小後果和大後果之間的選擇時，正有點混亂。授權 99 年或 70 年或 50 年不是主要問題。問題是在當前背景下是否有必要建立各特區（從發展趨勢、技術進步、國家環境的需要來看，尤其是當我們，包括國會代表在內，清楚地知道中國在這個 S 字形的土地想要什麼時）？與中國相處，我們必須時時刻刻的牢記：在條件允許的情況下，他們的最終目的是將整個越南變成他們自己的特區。如果我是習近平，我也會以中國民族利

---

[17] 台塑河靜煉鋼廠於 2016 年 4 月引發嚴重海洋污染事件，越南整個中部五個省的海域，後來蔓延到南部地區都被釋放到海中的有毒工業廢棄物污染，造成大量魚類死亡、破壞了需要數十年才能恢復的海底生態系統，導致包括四萬一千名漁民在內的二十萬多人失業。該企業後來不得不向越南人民道歉並支付五億美金的賠償金。

益的名義這樣做。所以（我正對所有人民說話）與其責怪他們陰險
（責怪中國陰險就像責怪他們為何有十五億人口！），不如先責怪自
己：為什麼我們會愚蠢地讓他們牽著鼻子走；為什麼我們沒有像他們
那樣有條不紊的好策略；為什麼我們缺少像他們那樣有遠見的領導者
等？這個問題沒有人能代替越南人民解決，因此除了我們自己，沒有
人有罪過。（我覺得很奇怪，即使到現在，仍有人認為我們遇到困難就
怪罪因為美國模稜兩可、因為俄羅斯務實、因為印度不夠強大、因為
柬埔寨是狡猾雙面的、因為寮國比較親中國、因為在利益面前造成各
國眼花等）。這個世界永遠都是這樣且只有足夠聰明的人才不會被變成
獵物，或者至少是不會變成他人手中的一張牌！

　　請不要將深圳或任何其他特區的成功作為支持「特區法」的說服
力的論據。也沒有必要將這種模式在某地方的失敗來重視反對意見。
我們應該參考世界的經驗，我們需要虛心向任何人學習等。但是也到
越南人在做與國家存亡有關的決定時應該學習獨立習慣的時候了。基
於這種精神上，我同意記者輝德（Huy Đức）的觀點是我們不需要經
濟特區，不需要在某個地方優先考慮，使國家原本已經分裂，更有理
由分裂。 我們不應該花很多錢只是為犯罪分子和親友資本家[18]建立堡
壘！相反，創造出一個讓每個公民享受幸福的生活、謀生變得方便和
人性化、充滿人文的空間吧。別折磨人民，別用榨乾人民力氣的方式
使他們精疲力竭。別只因為有才能者對當前的政治原則不感興趣、或
者當他們討厭阿諛、拒絕像鸚鵡一樣說話時而拋棄他們。別創造一個
讓無能、無品行、貪婪的官員都可以把自己變成蟻后，帶領著一群白

---

[18] 是指一群跟當權者有特殊關係像是兄弟、妻子、親友等的企業家，從而操縱並
　　提出生意利益、資源剝奪、製造機會等的政策以便致富。親友資本家相當普遍
　　並主要存在於一黨獨大，沒有受到對立政治力量的監督機制的國家。

蟻剝削、侵蝕國家的環境等。也請別試圖把人民變成為籠統、盲目目標的抵押品。只需要這樣，國家自然會和平、會發展、會富有。而且當早知道鷹、梟、蛇、蠍這類會先跳進巢時，就不需要為「鳳凰築巢」。

我以下的形容是留給那些沒有想像能力的人準備的。我們已有太多證據關於各大國，尤其是那些靠暴力和擴張領土而繁榮的大國，是一直在他們需要時尋找順從自己的法律並迫使世界必須接受者。依這方式漢人就佔領了西藏。依這方式俄羅斯將永遠佔領克里米亞。世界沒有辦法拯救西藏，所以世界遲早也必須接受俄羅斯人剛剛創造的現實（各位可能已經預見到）；依同樣的方式，幾十年後，當有數以萬計的中國人藉機依「特區法」經商的名義（實際上是按照中國殖民方式滲透的）然後在雲屯（Vân Đồn）賴著不走時，無法控制他們，無法趕走他們，中國將要求越南給予雲屯（Vân Đồn）、芒街（Móng Cái）等地區的自治制度。仰仗大國勢力，在發生衝突時他們願意以保護中國人民利益的名義派軍隊介入？一旦這種情況發生，我們的後代子孫能做什麼？一百年或一千年的抗議對收復領土沒有任何助益。即使是俄羅斯人也不得不警惕中國以這種方式將遠東地區的一部分變成「漢族」的自治區，所以我們沒有理由不對這些禍害多做十倍的防禦。因此，如果「特區法」獲得通過的話，這將是國家新一輪騷亂時期的開始。內部政治就混亂、分裂；而主權方面，就平白無辜將一隻飢餓的老虎帶進屋裡等著牠把自己吃掉！先失去雲屯（Vân Đồn），後來是下龍（Hạ Long）等；中國戰船完全封鎖中部海岸並威脅若發生衝突就將國家一分為二的事是會比最悲觀的預測還要早發生的事情。

各位是否自問並知道人民在問：為什麼國會對「特區法」如此地

熱心？一部碰撞到國家的安全、到民族的存亡、到將來後代的生活的
法律，為何在討論、在凝聚民意之中如此倉促？越南人民的智慧都在
哪裡了？我不想當一個隨便胡說的人，但我相信一定有不對的、不清
楚的事情。幾天後，以最高權威的部門為名義，各位可以不顧民眾和
菁英階級的所有反對和擔憂按下按鈕通過「特區法」。但是我要真誠地
勸告各位，當爛演員頂多只是可笑，所以，為了飯碗而演戲也許是可
以接受的。但不要讓自己成為罪人，當各位深知或覺得這可能性非常
高的時候。這民族可以原諒所有的罪過——正如歷史曾表明的那樣—
—除了追隨陳益稷（Trần Ích Tắc）與黎昭統（Lê Chiêu Thống）的腳步
之外。

附錄六：御用文人[19]檄文

（借一位護國元勛的列祖之言）

我曾聽說你們是社稷的菁英。

然而，現在你們大多數都只坐視敵人伸腳來侵門踏戶而不敢開口，身受國恥而不知慚愧。

做為士大夫曾含著毛筆，祖宗俸祿賜予不薄，你們怎麼看到敵人做卑賤的事而不知憤怒；看到他們覬覦活吞黎民而不知道預防；聽到歡迎敵人的掌聲卻不知憤怒？

不僅如此，你們還怯懦、趨炎附勢。

看吧，有人埋頭刻苦寫出阿諛奉承、諂媚的東西，最主要是為了討好那些「驢耳朵」[20]，而忘掉百姓之塗炭；有人以美化個人履歷，彎腰屈膝乞求被頒賞，視這動作為識時務；有人只懂得拚命蓋別墅、建豪宅為了滿足向天下人炫富誇耀的習慣；有人打算勾結豺狼群，結黨營私成「特區法」的後盾利益，一群只為了炒作不動產的目的以便為自己聚斂錢財而忘記這樣會給百姓帶來危險；有人貪好研討會、會議發表立場，口是心非，顛倒黑白，將不才無德者吹捧上天而怠惰了做人的修仁積德的事。

我問你們：如果突然有蒙韃敵人或被稱為異國入侵，那麼你們會

---

[19] 「御用文人」是中國政治犯、2010 年諾貝爾和平獎得主劉曉波生前常用的語詞。
[20] 作者補充：源自希臘神話的寓言故事，暗示越南那些愚笨的官員。

怎麼做？你們那些歌頌的文章、抄襲的論文、騙人的報告、偽文憑、假證書、獎狀、勳章、黨證、貴賓卡等能夠趕走大漢豺狼嗎？你們的度假村、別墅和享受的地方能阻擋那些中國狗黨用糖果偽裝的坦克車嗎？

　　所以，我告訴你們：土地、天空、海洋、雄偉壯麗的江山都是祖先的香火留下給全部越南人民而不是任何人。全部只有這麼些，所以我們必須努力保留著，首先是給萬世的後代子孫，再來是使這江山與天地永存。如果想有吃的，那要互相勸告彼此工作，但如果有哪個人賣掉一寸一尺也犯了叛國罪，必須被誅夷。那些受過教育，為了自己的利益、為了榮華的誘餌、為了虛名而看到了錯誤也仍昧著良心包庇、謀自己的自私榮華的人，那麼這種人活著也算是死了。

　　榮辱全由自己決定，蒼天寂靜卻無所不知，祖先賜予的神劍對叛徒毫不留情。

　　牢牢記著，免得責怪我沒先提醒你。

HĀM TIONG-KOK CHÒ CHHÙ-PIⁿ

台文版

SỐNG VỚI TRUNG QUỐC

第一部份
越南 kap 中國 In 關係 ê 本質

Ùi 宋朝侵略大越[1]開始算,到 kah 1979 年,siōng chió làng 200 冬,siōng 久是 beh óa 400 冬(平均 chhé 大約 250 冬),漢人 koh 主動起兵 kap 越南相戰。Chia--ê lóng 是為 tiòh beh 占人領土,目的是 beh kā 越南占做 in ê 郡縣。若 chit 款時間 ê 頻率有規律,án-ne lán kap 中國 chit-chūn 是 tng-leh 和平 ê 時期。

M̄-koh 無任何代誌 thang kā chit 款 ê 判斷背書 kòa 保證。

我 tiāⁿ 感覺講 lán chhun siuⁿ chió 時間來替有才調 kap 中國新 ê 衝突做對抗 kap 備辦,i 超過 téng-koân 講 ê 頻率 kap 粗殘 ê 程度。換話來講,面對現今 ê 中國,所有 ê 代誌 lóng chiâⁿ oh 防 kap 按算 tit。Tō 是 án-ne,lán chiah ài kek 頭腦提一 ê 計策出來,chit ê 計策 ē-sái 保證 lán tiàm 中國隔壁久長生存落去,koh bē 因為 án-ne 失去 lán 領土 ê 主權(眼前 chit ê 主權是 bē koh 失去,因為中國目前已經 kā lán ê 西沙群島[2]占去 ah)kap 政治 ê 主權。

Chit 幾冬,除去政府講會出喙 ê 觀點:「避免會去影響越南 kap 中國 in 關係大局 ê 行動」掠外,ùi 國內外 ê 民眾 chia,有特別顯現 ē-kha 講 ê 一寡趨勢:

偏向主戰:想 beh 越南隨派軍隊,具體來講 tō 是派軍艦、飛機來應付中國殺害、搶劫、欺負越南漁民 chia ê 行為,一旦有機會,會用武力 kā 西沙群島 kap hō˙中國 tī 南沙群島[3]占去 ê 所在討 tńg--lâi。Chit ê

---

[1] 譯者註:大越(Đại Việt)是越南 chìn-chêng ê 國號,存 tī 二 ê 階段,第一階段 ùi 1054 年至 1400 年(李聖宗 Lý Thánh Tông 朝代),第二階段是 1428 年至 1805 年(黎太祖 Lê Thái Tổ 朝代)。

[2] 譯者註:西沙群島 tī 越南語講做 Hoàng Sa,直譯講做黃沙。

[3] 譯者註:南沙群島 tī 越南語講做 Trường Sa,直譯講做長沙。

趨向 mā 隨 kā 現此時 ê 政府 kā 定做 nńg-chiáⁿ、賣國、做中國走狗 ê
罪，koh 要求政府 kā 國家 ê 領導權讓 hō͘ 其他 ê 勢力。Tī iáu 無法度指
出其他勢力是 toh 一款勢力 ê 時，kun-tòe chit ê 趨向 ê 人 hoan-sè 已經
bē 記得講 1974 年落入中國手頭 ê 西沙群島是 hō 越南共和國[4]（Việt Nam
Cộng hòa）控制 tiâu leh，i hit-chūn 是美國 ê 第一同盟，soah 有 60 名是
越南人民 ê 海軍阿兵哥，tī 敵人 in liàh tiòh 暢頭 ê hit 款極野蠻 ê 情形
下，hō͘ in 銃殺來枉死。就美國老大 in tī 幾十公里遠 koh 有真 chē 現代
武器 ê 大 bong 艦隊 ê 條件來講，準講越南人（具體講是 hit-chūn ê 越南
共和國政府）beh 派軍隊奪回西沙群島，ē-sái 講是無 phēng che koh khah
好 ê 機會 ah。Chit 款事實，tō chhiūⁿ 一寡人 in 所想 ê hit 款形，kap 現
此時政府 hông 認為是 nńg-chiáⁿ 政策，chit 二款是 bô-kâng ê 問題，tàk
款問題 lóng ài tī 歷史 ê 面頭前做一 ê póe-hōe、詳細、公平 ê 交代。

偏向堅定 ê 民族主義：想 beh 靠民族精神、排漢精神來表達對中
國堅定 ê 觀點。Chit ê 趨向 ê 限制是 tī 政治、外交 chit 方面公開 kap 中
國做對頭，甚至若必需要 tō 斷交，雙方田無溝、水無流，chhoân 好
thang kap i 相戰。Chit ê 趨向會對政府施壓，ài 政府隨用行動 kap 話語
真清楚 leh 表達對中國 ê 反抗。

若是 hiah chē 代誌過了，透早 bàk-chiu peh kim，lán 已經 m̄ 是中國
ê 厝邊 ah，án-ne tō 無必要 koh ke 討論 siáⁿ-mih ah。

其實 tī 已經過往 ê 總書記黎筍 ê 時代，越南 kap 中國 ê 關係是 chit
ê 趨向 siōng 明顯 ê 展現。雙方 tiâu-tùi siōng 高潮 ê sî-chūn 是 1979 年 ê
邊界戰爭，理論上 chit ê 戰爭 sio-liân-sòa 戰 30 日，m̄-koh 事實是 ài 開

---

[4] Leh 講南北分裂 hit-chūn ê 南越政權。

7 冬外 ê 時間 chiah 結束流血，留落來 ê 是 ko·-ta ê 經濟 kap phòa-sàm ê 邊界。He 是 iáu-bē kā koh tī 國家機密內底 chiūⁿ 萬人 ê 人命損失 mā 算在內 ê！

偏向轉和 ê 民族主義：Beh hō·越南 tī 政治 kap 外交 chit-pêng 獨立免靠中國，thang hō·越南 kap 東南亞海 chia 有共同戰略利益 ê 國家 ê 同盟關係 ē-tàng 自主。Chhiūⁿ án-ne ê 趨向，美國是頭一位，致使中國 m̄-káⁿ 靠勢 in 大尾 beh 來侵犯 soah tiāⁿ-tio̍h ài 選擇 kap 人相好、和平。另外一 pêng，政府 ài 脫離 kek tiām-tiām、hàm kōa-kōa ê 社會主義 ê chit 款意識形態，lia̍h chit ê 區域內底 ê 一寡發展國家做 pān，hō·國家緊民主化，提昇民族 ê 力量，ē-sái 聚集所有 ê 團體，kā 越南變做一 ê 經濟、軍事 ê 強國 chia--ê。時到，kap 中國自然 tek tō 會有和平 koh 穩定 ê 基礎，mā 有機會 kā hia-ê hō·中國非法占去 ê 領土收 tńg--lâi。

Chit 幾冬，關係知識份子、人士、工農兵 chia--ê sio-liân-sòa ê 建議、宣布，lóng 是 tòe chit 款趨向 leh kiâⁿ。Kāng chit ê sî-chūn，tng 中國 tī 東南亞海惹事端 ê sî-chūn，二大城市 ê 人民 in 遊行 ê 大湧 lóng-chóng ek chiūⁿ 街頭，kā 反對中國 ê 字牌 gia̍h kah koân-koân-koân。

Chit 款趨勢是越南早慢 mā 是 tiāⁿ-tio̍h ài ê 選擇，khiā tī chē-chē 方面來講，che kap 民族 siōng chē 利益 hām 發展 ê 必要性有 tùi-tâng。總是 leh 處理一寡關鍵問題 hit-chūn，為 tio̍h hō·ka-tī tek-tiāⁿ，猶原有緊張，欠缺夠額冷酷 ê 冷靜 kap 理智 ê sî-chūn。Tō 是 án-ne，真 chē 對國家充滿責任、出 tī 對社會 ê 抱負 ê 思想 soah hông 講 he 是一款 leh khau-sé、lóe-mē、看輕 ê 時包裝過 ê 語言，hō·i 失去對話 ê 時機，chiâⁿ bô-chhái。另外，hō·失敗感影響 ê 干礙，真 chē 誠心誠意 ê 意見 hō·眾人誤解，致使 chia-ê 作家 lóng hông 真殘忍 kā ut--sí，致使失去原本知識份

子階級應該 ài hó-chhōa-thâu 來維持互相尊重 kap 討論 ê 氣氛。[5]

　　對我本身來講，chit 幾冬，代先是一部份 ê 人民 kap 河內 hām 胡志明市 ê 政府，落尾是 kap 越南政府，in 發生 ê 是一場民族 ê 悲劇。Tng 敵人 teh siàu-siūⁿ kā 祖國 ê 領土拆食落腹 ê 時，民族 ê 内部 soah hông 分散。我激烈反對政府鎮壓遊行示威 ê，ah-sī 打壓一寡對中國有強硬觀點 ê Blogger ê 處理方式。Chit-khoán ê 處理，證明政府欠缺有智慧 ê 自信，m̄-koh 對 ka-tī ê 角色 kap 權力 soah siuⁿ 過頭自高、hiau-pai。面對關係主權 hām 百姓性命艱難、痛苦 ê 問題，政府 bē-sái hō͘ ka-tī 有無需要 kap 民眾對話，soah 來要求 in ài 全然信任政府 ê chit 款權力。In 是一般 ê 普通人民 niâ，bē-tàng 要求 in chhiūⁿ 政客 kāng-khoán ài 去思考，koh khah bē-sái 因為欠 chit 款思考 tō kā in 定罪。In 有權來替國家煩惱，mā ài 知影講 ka-tī ê 信任 kám 有根據？Chit 款信任 tī toh？Hām 講為 tio̍h 無 beh 破壞某一 ê 策略，甚至 ài 保持機密，ài kap 中國 poaⁿ 戲 ê sî-chūn，mā 無必要 hō͘ 人民知，chhiūⁿ chit-khoán--ê mā ài 有傳達 hō͘ 人民了解 ê 方式。Hân-bān bē piàn-khiàu ē-tàng hông 原諒，m̄-koh chhiūⁿ he tī

---

[5] 我想講 tio̍h 2012 年 11 月初 4 黎永張（Lê Vĩnh Trương）先生接受胡志明市法律報（báo Pháp luật）ê 採訪 hit-chūn 回答 ê 情形（tī che chìn-chêng，是吳寶珠（Ngô Bảo Châu）教授 ê 文章）。張先生 tī 正統報紙 ê 結構内底，ē-tàng 提出 chia ê 意見算 chiâⁿ phah-piàn 無簡單 ah，論真講，ùi 1991 年以後是 iáu 無前例 ê。若 ta̍k 人 lóng ke khah 清醒、想 hō͘ koh khah chim-chiok，i tō bē chhiūⁿ 所發生 ê hit 款 hông「khian 石頭」。我贊成楊名輝（Dương Danh Huy）先生 ê 冷靜評估。Kā 張先生 khian 石頭 ê 人 bē-khì-tit 一項事實是：Tō 是長期 hông 洗腦，數百萬人，需要知影越南 kap 中國 in ê 關係 ê 現實 kap 國家其他重要事務 ê 人，chiah iáu-bē 有相信自由網站 ê 習慣。網站 téng-koân ê 消息 hō͘ in 頭殼内底 kā i hām 破壞國家 ê 代誌 lām-lām 做 chit-hóe。Lán ē-sái 怪 in，m̄-koh 現實 tō 是 án-ne。我認為，一般人 ē-sái kā 全部 ê 失敗感 tháu-pàng 出來，ah-sī 猶原 kā i 講做「khian 石頭」，m̄-koh 知識份子階級「khian」ê mih-kiāⁿ 應該是 kan-ta 有批判價值 ê 想法 kap 觀點。

tú tiòh 硬頭無法度化解 ê 局勢 ê 時,hit 款「棄卒保車(khì chut pó ki)」ê 方式是真 oh hông 同情 ê。

M̄-koh 另外一 pêng mā ài 講一項事實,tō 是若 kan-ta tī 街路遊行抗議 a̍h-sī tiàm 網路頂 leh kho͘人,lán mā 無才調應付中國想 beh 永遠占領西沙群島 kap 南沙群島 ê 陰謀。面對中國 tng leh kap 越南進行漢化 ê 陰謀 chit 款 ê 情形,叫醒愛國精神 kap 所有人民階級 ê 警覺心,che 是必要 ê,甚至比任何時期 lóng khah 要緊、迫切,而且 tiāⁿ-tiòh iáu 有真 chē 其他 ê 方式。總是 lán 冷靜 leh,了後破解中國 ê 行動,chiah koh 提出 kàu-mî-kàu-kak ê 步數,che chiah 是 koh khah 要緊 ê 代誌。準講無法度避免,lán mā 無 leh 驚講 kap 中國相戰,m̄-koh che m̄ 是講 lán 會 chhìn-chhái tō tī hia kā 中國 jiá-khang kap in 宣戰,hō͘ 國家 khiā tī tiāⁿ-tiāⁿ leh 戰爭 ê 墘 á。Hit-kóa jiáng-khang 激發戰爭 ê 呼應是 chiâⁿ 無理智甚至無負責任 ê。設使中國 hia mā 有人有 chit 款對越南 án-ne 起事端 ê 想法,準講 in 是大越南三十倍 ê 國家,mā 應該 hông 看做是淺薄無眼光 ê。

Kap 中國起兵相戰 chit 項代誌是 lán(m̄-nā 是 lán,kòa 美國、日本 chia--ê 國家)ài chhōe 各種方法 thang 避免 ê 頭一 chân 代誌。中國本身 mā ài 對 ka-tī ê 厝邊做 sio-kâng ê 代誌,除非 in 看 bē 清,ka-tī leh 陷眠想講關係中國 ê 能力,a̍h-sī tī 北京領導階級內底有人愛 beh kap 歷史相輸。想盡辦法 kā 避免 kap 無惜代價 kā 避免,che 是全然 bô-kâng--ê。Lán koh 讀一 pái 歷史 tō 看見講 lán ê 祖先對 chit ê 觀點 ê 看法 chiâⁿ tùi-tâng,he tō 是盡 siōng 大 ê 氣力和好到 thōng 尾一分鐘,koh kan-ta tī 無其他辦法 ê sî-chūn chiah ko͘-put-chiong 使用武器。Tī 敵人 ê 聲勢 siuⁿ 過強 chìn-chêng,陳朝甚至已經想 tiòh 講放下武器 ê 代誌,khah bē tú tiòh 有毀滅民族危機 chit 款粗殘 ê 戰爭!糾正 chit 款買命錯誤 ê tō 是大

越 ê 人士、知識份子、將領 kap 農民。落尾陳朝 ê 君臣已經 hōʹ 敵人 tī 幾百冬以後，kiⁿ-nā 想 tio̍h 當時 hit 款狼狽 ê 侵略 tō 會感覺 ài kiàn-siàu 到老。

Tō 是陳朝有極英明 koh 顧謙（相信有神、佛、天地 ê 人 lóng 會顧謙）ê 皇帝，知影 kā 國家社會 ê 運命看 kah phēng 個人 ê 尊嚴、朝代 ê 尊嚴 koh khah koân。皇帝 káⁿ 講 ka-tī ê 想法出來，káⁿ kā 百姓承認 ka-tī ê 弱點、hân-bān，tī hiah 強 ê 敵人面頭前 ka-tī 無自信（káⁿ 承認 ka-tī 弱點 ê 人自來 tō m̄ 是弱者），ài 民族 ê 賢能，ài 各階層人民決定 ê 聲。因為靠「tēⁿ 扁柑 á」[6] ê 精神、「臣 ê 頭殼 iáu-bē lak tī 塗跤請陛下 mài 操煩 siáⁿ」[7]、「請陛下先 kā 我 ê 頭斬落來 chiah 投降」[8]chia--ê 志氣 chhèng-kek ê 聲音，陳朝已經團結 kah chiâⁿ-chò 一塊 tēng-sin、kā 元蒙帝國力量 ê 神話埋葬，創造永遠留好名聲 ê 英雄氣概。Ē-hiáu 選擇對話，ē-hiáu 聽人講，m̄ 是 kap 民眾衝突，有 chit 款 ê 明君，敵人 beh án-chóaⁿ 得勝 leh。

Kap 任何時間比起來，chit-má 是全民族需要聚集、需要 kāng 心，需要聰明、清廉 ê 頭腦 ê sî-chūn。因為民族 ê 運命、國家社會 ê 存亡，m̄-bat chhiūⁿ 現此時 khiā tī beh-sí-tōng-hài ê 勢面。現今 ê 敵人 m̄ 是一寡用自高、chhiong-pōng ê 手段落 siōng 尾 ê 警告 leh 公開放送講，in 會消

---

[6] 譯者註：出 tī 懷文侯、陳國瓚（Hoài Văn Hầu, Trần Quốc Toản）ê 故事。1282 年，陳朝 ta̍k 位皇帝召集文武百官開會討論對付元軍 ê 計智。陳國瓚 i chiah 十六歲，bē-tàng 參加 koh hông 看無點。I 凝 kah hām 手 ê 柑 á tang-sî hōʹ i tēⁿ 扁去 mā m̄ 知。陳國瓚 tńg-khì ka-tī 動員 chhin-chiâⁿ kap 民眾組一支軍隊 chò-hóe 抗敵，in ê 軍旗 bīn-téng 有繡「破強敵、報皇恩」六字金字，mā 有真 chē 戰績。

[7] 譯者註：是陳朝太師陳守度（Trần Thủ Độ）siōng 出名 ê 一句話，展現決心抗敵來守護國家 ê 意志。

[8] 譯者註：Tī 第二次對抗元蒙軍，tng 太上皇陳聖宗（Trần Thánh Tông）刁工講敵人 ê 勢力 siuⁿ 強 beh 投降 hit-chūn，名將陳興道（Trần Hưng Đạo）án-ne kā 應。

滅力量薄弱 ê 越南軍隊來逼越南人民 thẻh 武器起來 ê。現今 ê 敵人是 tiān-tiān 假做是朋友 ê 款，甚至 koh 有共同 ê 目標，tiān 用 siōng 好禮 ê 外交話語 kā 你 phô͘-phô͘-thán-thán、溫柔安慰 ê 人。早前 ê 敵人是 hō͘ lán khiā tī m̄ 是 kap in piàn，無 tō 是 hông 消滅 ê 勢面。現今 ê 敵人是 hō͘ 你 感覺 ē-tàng 信任、倚靠，共存、共同發展，tàu-tīn 追求一 ê 偉大目標 ê 人。M̄-koh 論真講，越南 m̄-bat chhiūⁿ chit-má án-ne hông 大規模 kap 全 面侵略過。Lán ê 民族 beh koh hông 殖民 ê 危險 m̄-bat chhiūⁿ 現此時 chiah 明顯。Tō 是 án-ne，要求 chiâⁿ-chò 越南人民代表 ê 知識份子 ài chiâⁿ 警 覺，khah bē 引起青狂、緊張 ê 情形。

Lán ài 互相隨確認 ê 是，中國自古到永久 tō 是越南人 siōng 大 ê 操 煩。法國人、日本人 kap 尾後 ê 美國人 kan-ta 是 hō͘ che 主要 ê 操煩 sió 斷節去 ê 因素 niâ，雖罔 in mā 有改變 lán 民族 ê 運命，m̄-koh kui ê 過程 來看是 bô-tap-bô-sap--ê。Tō 是西方 chia tảk ê 強國，特別是美國已經幫 助越南人暫時 bē-kì-tit hō͘ 中國 chah 來 ê 痛苦 ah。Tng 法國 kap tòe 後 ê 美國人決定 beh「阻止紅潮」來分割越南 ê sî-chūn，越南 kap 中國 in ê 關係 hiông-hiông soah 變做 bē-su 是換帖兄弟 leh。雖罔真 chē 人意識 tiỏh 援助物資 ê 背後是漢人 ê 國家利益 kap 領土長期 ê 計算，tng 當時北 部 ê 政治家 hông 逼去倚靠中國 ê sî-chūn，lán mā bē-tàng 對 in kí-kí-tủh-tủh（tō chhin-chhiūⁿ 越南共和國 ê 政治家 ko-put-chiong 去倚靠美國 kāng-khoán）。In（包含雙方）lóng chiâⁿ m̄-sī-khoán，in-ūi in lóng hiau-pai kah kā khiā tī 政治理論 ê、有黨派性 ê 政治目標 kap 應該比任何意識形態 iáu khah koân、khah 神聖 ê 民族目標，lóng tòng-chò sio-kâng。M̄-chiah 越 南人對雙方 ài 嚴格去互相責備，án-ne 是 khah 公平 ê。Lán tī 民族內部

ê 和解 chit-pêng 已經失敗 siuⁿ 久 ah[9]（chit-chūn 失敗 iáu-bē soah-kó˙！），製造機會 hō˙ ta̍k ê 外邦跳入來 kā lán 分割，越南人 tō 據在 in 講 beh án-chóaⁿ tō án-chóaⁿ。數百萬嫗姬 ê kiáⁿ-sun hō˙ ka-tī ê 兄弟、同胞用外邦 ê 武器 thâi 死，che 是國家歷史 téng-koân siōng 恐怖 ê 代誌，未來 ê 後代 ài 繼續思考 chit 款 ê 悲傷 tāi。Tī hia-ê 外邦內底，中國是 siōng 大 ê 隱函數 m̄ 是美國。

中國 pià-sè 援助越南北方戰爭，m̄-koh koh 無 kah-ì 看 tio̍h 統一 ê 越南，che 是 siōng 明顯 ê 證據。中國 ài 越南人互相 thâi 到 chhun siōng 尾一 ê 人，thang-hó chhiūⁿ 桌頂 ni 柑 án-ne kā in 祖先幾千年來無法度實現 ê 南 pêng chit 塊土地食落來，a̍h-sī thông 無 mā kā 越南變做是保護 in 安全 ê 所在，chhiūⁿ in tng leh 對付北朝鮮 ê hit 款形。中國 am-khàm in ka-tī 戰略目標 ê 能力是世界級 ê 大師。鄧小平（Đặng Tiểu Bình）i「隱藏 ka-tī 等待時機」ê 教示已經 chiâⁿ 清楚 leh 說明現代中國政治 ê 本質。Tng iáu-bē 足強 ê sî-chūn 隱藏 ka-tī，聽候時機到，tng 其他 ê 強國衰弱，hit-chūn 中國已經是一 ê 強國 ê 時，為 tio̍h 替一直失敗 ê 中華民族報鳥鼠 á 冤，in teh-beh 趁機會起基 koh kā 全世界 sut 後炮（in m̄-nā 輸 hō˙ 越南人，請 ke 參考有關漢族恥辱 ê 一世紀）。其實，che 對世界來講是一

---

[9] 2002 年，我有去美國一 chōa，tng 我去一 ê 有 tòa 真 chē 越南人 ê 所在 hit-chūn，一 ê 導遊 óa 來我 ê 耳 á chiâu 細聲 kā 我講：「話 mài 講，khah bē hông 攻擊。」雖罔我無 hông 攻擊，m̄-koh soah 有一 ê 越南學生 kā 我 gîn koh 問我講：「來 chia chhòng sáⁿ？」用這款 ê 相借問 leh 回應我離開故鄉一個月後看 tio̍h 同胞 ê hit 款歡喜。落尾我知影講，N.K 作家 bat hō˙ ka-tī ê 同胞用軍帽 kòng 頭過；L.M.K kap H.A.T chit 二位作家是 ko͘-put-chiong ài 靠美國警察替 in chah--leh chiah thang ùi 幾百名越南人 kā in 圍 leh án-ne 脫身；去一間大學演講 ê sî-chūn，N.H.T 作家 hông 包圍 chia-ê。原因只是 chia-ê 充滿民主精神 ê 作家（當然，大多數 ê 人 pîn-tōaⁿ 知事實是 siáⁿ！）In bat mā tng-leh 替共產國家做 khang-khòe。回國了後，我 tiāⁿ-tiāⁿ 替 chit 項代誌感覺艱苦心 mā ka-tī 問 ka-tī 講：「Siáⁿ-mih sî-chūn「越南同胞」ê 關係 chiah bē kap 政治 sio-kau-chhap，siáⁿ-mih sî-chūn in chiah thang 互相寬容？」

ê 危險 ê 思想，特別是對包含越南在內 ê 隔壁國來講是 chiâ 危險 ê。Tō 是充滿大漢精神 ê chit 款手段 m̄-nā 確定越南 kap 中國 in 關係 ê 本質，mā 是世界 kap 中國之間 ê 關係 ê 本質。

中國 m̄-bat chhiū 當今對 ka-tī ê 能力 chiah-nī-á 自信 kap hiau-pai 過。

到目前為止 siōng 好運 ê 是 lán iáu-bē hông 漢化！世界 chiâ 罕得有 toh 一 ê 國家 chhiū 越南 án-ne，hông 殖民到一千冬猶原是一 ê 原本 ê 民族 án-ne 生存落來，了後發展做一 ê 國家。Che 是雙方 chiâ 恐怖 ê 悲劇。Tng lán hông 趕、hông 壓迫、hông 殖民 ê sî-chūn，殖民者 mā 無 gōa 輕鬆到 toh。一千年以後，漢人 leh 征戰南方 ê chit 條路，只好 tòng-tiām、含恨，承認有一 ê 面積 phēng in 細 beh 三十倍 ê 國家，做一 ê tòa tī ka-tī 身軀邊 koh 驕傲固執 ê 厝邊，che 是無法度放袂記 ê kiàn-siàu-tāi。證據是 ùi 大越國家出世一直到 20 世紀尾期，tō 是一千年以後，中國已經八 pái 主動派強兵勇將，起兵大相戰，一 pái koh 一 pái kap 越南主要六 ê 朝代對抗，決意 beh 洗清帝國夢 ê kiàn-siàu-tāi，m̄-koh 猶原失敗。Che 致使 lán kap 中國之間建立一 ê 悲慘、gāi-gio̍k kap khau-sé ê 歷史關係。Kiàn-pái 中國若想 beh 消滅越南，in tiā-tio̍h 會 koh 吞一 pái koh khah 大 ê 失敗 ê 屈辱。Chit 款屈辱是國傳 ê 侮辱。

真知影講無法度閃避中國，越南 ta̍k-ê 封建朝代 tō chhōe 一款生存 ê 哲理，tō 是有 iáu m̄-bat 想 beh 放棄領土 ê 野心 ê 國家霸權做厝邊，chit 款 tō 是「假影順服」（是已經過往 ê 陳國旺（Trần Quốc Vượng）教授 ê 講法）。意思是看起來是 lán 祖先 ta̍k 冬 lóng 用進貢、做一 ê 樣 án-ne 稟報 ta̍k 項重要 ê 代誌、接受封王典禮（tō 是形式上承認屬國）chia-ê ê 方式表現講順服中國。甚至 ta̍k-pái 戰爭了後，準講 ka-tī 是正義

者、勝利者，lán 猶原 kā 敵人留 kóa 體面，hō͘ i bē siuⁿ 過 kiàn-siàu soah 掠狂，chhiūⁿ 陳興道（Trần Hưng Đạo）、阮廌（Nguyễn Trãi）、阮惠光中（Quang Trung）tō 是 án-ne 做 ê。M̄-koh 對內 lán 祖先 tī 所有 ê 代誌 téng-bīn，對中國猶原是平等、獨立，包含 tī 精神 tèk（團結民族）kap 物質 téng-bīn（訓練軍隊、武器，chhiūⁿ 講「寓兵在農」ê 政策 chia--ê，lóng kan-ta 為 tiòh 對付中國 niâ）lóng chhoân 好 leh 等 ah，若 chit-kho͘ koh 起兵相戰 tō 繼續 hō͘ in phīⁿ-phang 失敗 ê kiàn-siàu。

關係中國各朝代 chia，一 pêng 是 in 艱苦去接受明其知 he 是假影 ê 順服；另外一 pêng，若條件允准，in 會直直 chhōe khiā 南 pêng ê 越南 beh kā 消滅。Hit ê 條件是 lán 越南衰弱 ah-sī 內部 bē-hah 起冤 hit-chūn。Hit ê 條件 iáu 是中國各朝代互相僭大 kap 想 beh kā 民眾 phô-tháⁿ，想 beh 證明 in 強，想 beh 開拓國界 ê sî-chūn（目前看起來，chhin-chhiūⁿ tng 有 chit 款 ê 內在 kap 外在 ê 因素！）對 khiā tī 西 pêng、北 pêng chia-ê khah 細 ê 國家，in 差不多 lóng 成功 ah，m̄-koh tng in 轉向南 pêng ê 時，soah m̄-bat chhin-chhiūⁿ chit 款 ê 成功過。M̄-chiah，tī 越族內底 ê 一 ê 國家 ē-tàng 存在無 leh chhoah--in，in soah 無法度 kā 消滅，che tō 是漢族一代傳一代 ê 仇恨。為 tiòh 久長 ê 目標，有寡無法度主動 ê 條件，中國 chiah ko͘-put-chiong 暫時支持越南。

Che 是一部份當今越南 kap 中國 in 邦交 ê 歷史實情。

Che 實情有看 tiòh ná 糖甘蜜甜，m̄-koh 內部 iáu 是有 chhiūⁿ 1979 年越南外交部 ê 白皮書內底已經有講 ê，tō 是幾千年來結 siōng 苦澀 mā kan-ta ē-tàng 忍受 ê chí án-ne。1978 年 kap 柬埔寨波布（Pôn-Pót）屠殺政權 ê 西南邊界戰爭，ah-sī 1979 年 hām in sai-hū 中國 ê 北 pêng 戰爭，雖罔是二 ê bô-kâng ê 國家，m̄-koh lóng 有一 ê ùi 北京出發 ê 共同點。

He tī 歷史來講是每 250 冬（正確 kan-ta 190 冬，ùi 清國 ê 侵略開始，是 siōng 短 ê 時間 làng-phāng）運命 ê 總路頭，越南 kap 中國 in 透世人 m̄-bat 正經相好過。

Chit-má，雖罔二國 ê 關係 hông 看 tioh ká-ná 是 moa 一款換帖兄弟 hit 款金 sih-sih ê 字眼，hō͘ tak 款好聽話 kā chng-thⁿ，m̄-koh 論真講越南 kap 中國 in ê 關係是 chhiūⁿ 一隻不管時 iau-sì-sà ê 猛獸，kap 一隻認分 m̄-koh 剛強、脫險經驗豐富 koh 有 hō͘ 對手 tioh 傷本等 ê 刺鼠 in hit 款 ê 關係。中國人 hoān-sè mā 希望南方和平，m̄-koh 條件是 ài 滿足 in 領土 kap 領海 ê 要求，特別是領海 ê 要求。一旦越南人 iáu-bē hông 滅亡，hit 款沙文式無合理 ê 條件 tō 永遠 bē-tàng hông 接受。M̄-chiah 二族、二國、二黨 in 全部 ê 相好 kan-ta 是雙方 lóng 知影隱情 ê hit 款假仙，koh m̄ 知影 beh sòa 到 tī-sî，thong 無是到 siáⁿ-mih sî-chūn lán iáu-bē kā 西沙群島討 tńg--âi，ah-sī tang-sî 中國 iáu-bē chiâⁿ-chò 一 ê 有責任 koh chū-án-ne 放棄展現 in tī 九段線 ê 領海地圖 téng-koân tak 日 leh 陷眠、hiau-pai ê 野心 ê 民主強國 hit-chūn。

Hoān-sè 已經有夠額 ê 證據來講：Tō chhiūⁿ 世界親目看 tioh 中國一切 ê 作為，無人 beh kap 中國做山水 liâm-sio-óa ê 厝邊。Chhiūⁿ 露西亞 ah-sī 印度 chiah 大 ê 國家，in mā 無 sáⁿ kah-ì 有一 ê chhiūⁿ 中國 chit 款 im-thim 奸險、m̄ 知 thang 滿足、無法度按算 ê 朋友 tī piⁿ-á。20 世紀尾期，中國直接、間接 hām piⁿ-á tak 國起兵相戰，有 hah 孫子兵法 ê 精神「遠交、近攻」。Tō 是 án-ne，運命 chiâⁿ-sit hiah-nī 刻薄 kā lán khǹg tiàm 中國 ê piⁿ-á，khiā tī siōng 緊損害 ê hit-pêng。二千冬 tah-tah，kā 越南同化 kap 侵略過程 ê 失敗並無替中國人上 tioh siōng 尾後 ê 一課。為 tioh 實現 chit ê 目標，in chhoân 好 beh koh 追求二千冬。幾十冬 ê 相好、數

百億美金 ê 援助，hō͘ lán thang「phah 美國 phah 到 siōng 落尾 ê 一 ê 越南人」，che kan-ta 是中國人為 tiòh 吞越南所規畫項目 ê 長期、冷淡、永無變化 ê 計算內底 ê chit-si-si-á niâ。Ùi ta̍k 方面 kā 看，che 是一 ê lán ài 面對 ê 悲慘現實。悲慘是因為 lán lóng phēng in 弱勢；悲慘是因為 lán 無權 thang 選擇其他生活 ê 空間；悲慘是因為 lán ê 民族是一 ê 倔強、生áh 死絕對無 beh chiâⁿ-chò in，koh khah 無 beh chiâⁿ-chò in lah-sap ê 一部份 ê 民族。悲慘是 koh 因為 lán 無法度 ba̍k-chiu kheh--leh 了，希望 lán ba̍k-chiu peh-kim hit-chūn，已經是一 ê 中國無 tī piⁿ-á ê 國家。Ta̍k 時刻，lán lóng 決斷 bē-tàng 無去注意 hit ê 厝邊 leh chhòng sáⁿ。I 若 hiông-hiông 變 kah 足強 tō ài koh khah 警覺。M̄-koh 若 hiông-hiông i 有 sòaⁿ-liáu-liáu ê 危機，che koh 是一款 ê 危險。看 in kap 跟其他 ê 厝邊 leh 相冤（chhiūⁿ 講中國 kap 日本 áh-sī 菲律賓 in chit-chām-á tī hia-e-e chhîⁿ-chhîⁿ 局勢真緊張），Lán tō 隨 ài 想 tiòh 講 in tng leh 向 lán 食聲 hō͘ lán 錯亂，欺騙公論無去注意 tiòh 東南亞海 ê 主要目標，tō 是講 in 隨時 ē-sái kā lán sut 後炮。

Hoān-sè siōng 慘 ê 是 lán 無形中扮演中國大漢擴大野心 ê 自然障礙物 ê 角色。Che 是決定越南 kap 中國 in ê 關係久長本質性 ê 殘忍事實。

簡單講 tō 是，tang-sî 中國 koh 有獨佔東南亞海 ê 意圖，tang-sî 中國 koh 非法佔領西沙群島，想 beh ta̍uh-ta̍uh-á kā 越南 ê 南沙群島食掉，siáⁿ-mih sî-chūn 越南人 iáu-bē 接受中國占領 ka-tī 一部份 ê 領土，無接受精神 te̍k hông 管轄，若是 án-ne，到 hit-chūn 越南 kap 中國 in ê 關係 tō 是對敵 ê 關係，所有 ê 朋友交情只是暫時 kap 假影 ê niā-niā。Chit ê 關係 ê 本質是一 pêng 想盡辦法孤立、hō͘ 另外一 pêng koh khah 衰弱（坦白講，che kan-ta 發生 tī 中國 chit-pêng）。對中國講來，che 是 kui-ê 全

面、長期、一貫 ê 戰略，有數百年遠景 ê 周至準備，ùi 準備軍事力量、貿易打壓、文化侵略、安全擾亂、用大規模 ê 宣傳施壓公論、hōaⁿ-pôa 商品、錢票、技術、hō͘ 越南 ê 後代衰弱 chia--ê[10] 無才調算 ê，到 chhap-chhiú 政治、分裂內部、kā 外交 kap 經濟鎖 hō͘ ân，目的是 hō͘ 越南全面衰弱。若是越南，lán kan-ta 唯一 ê 辦法 tō 是 ài 清醒來抽脫中國 hia ê 陰謀，利用時機包含 ta̍k ê 強國之間 ê 矛盾衝突來發展。雖罔全部 ê 主動是中國 la̍k-tiâu leh，ē-sái 在 in ka-tī ê 意願 leh 定規則，m̄-koh 絕對 m̄ 是因為 án-ne tō hō͘ in 有權來決定。就越南來講，lán 被逼 tiàm in ê 隔壁生

---

[10] Ùi khah 闊 ê 角度來講，除去 1979 年越南外交部 ê 白皮書內底寫 ê 內容掠外，koh ē-sái 算到阻止越南 kap 美國 in 實現正常化，阻止加入 WTO，逼外國石油 ê 包商無 beh kap 越南合作 chia--ê ê 案例。若是講 tio̍h 詭計，he 就有百百款 ah。Chhiūⁿ 講買八角根，水牛尾，ngô͘-khî kap 番麥鬚 chia--ê ê 代誌。1995 年，一位消息靈通 ê 朋友 kā 我偷講，中國 the̍h 大約 270 億 ê 中國錢（40 gōa 億美金）來補貼 in ê 電子產品、電器、家電、鞋 á、服裝 chia--ê ê 商品，目的是用邊界貿易來消滅越南 chia-ê 產業。我無機會 thang 證明 chit 項消息。Tō tī 1995 年，tng 我去憑祥市（Bằng Tường）了，深入中國國內大約 30 公里 hit-chūn，我親目看 tio̍h téng-koân 講 ê kāng-khoán ê 情形，sio-kāng 牌子 ê 商品 tī 中國國內賣 ê 價數比諒山（Lạng Sơn）、芒街（Móng Cái）koân 二至三倍。M̄-chiah 邊界地區 ê 中國人民去越南買中國 ê 商品，phēng tī in 國家買 ê 價數 ke khah 俗、chhun 無到原價 ê 一半 the̍h tńg-khì 使用。1999 年，我有機會參觀高平朔江（Sóc Giang, Cao Bằng）口岸，看 tio̍h 中國用 ē-kha ê 方式趕人民侵占越南土地 ê 畫面：Sóa 臨時地標，派人順分界線割草，táuh-táuh-á 佔越南 chit-pêng 了後 chū-án-ne 根據草 á ê 色緻準做邊界；種樹 á 想辦法 hō͘ 樹根 tâi 入來越南 ê 土地，m̄-koh 樹尾 iáu tī 中國 ê 土地，等到暗時，派人 kā hit châng 樹 á chhāi--khí-lâi，樹根當做邊界點。Ah-sī tī 馱隆（Tà Lùng）口岸有一條溪變做二國一段自然 ê 邊界線。中國 tō sái-lōng 越南 kap in chò-hóe 起水壩 chhiūⁿ-chúi 灌溉。M̄-koh beh 排水 ê 時，kan-ta 越南 chit-pêng 做 kah 到。因為水壓 siuⁿ 大，越南一 pêng ê 溪岸隨 hō͘ 水食幾十公尺，若是中國 hit-pêng tō 隨用 che 新 ê 溪岸重畫界線，尾局是 in ke tit-tio̍h 幾千平方公尺。Tō 是邊防軍 kā 我講，中國 in 替每公頃侵占 ê 樹林發 1000 kho͘ ê 中國錢（hit-chūn 大約 200 gōa 萬越南錢）ê 獎金。Kap 越南所在 sio-óa ê 中國人民大多數 chiân sàn-chhiah，hoān-sè 是世界 siōng sàn-ê，m̄-chiah in 看 tio̍h 錢 phēng 性命 khah 要緊就衝入去 ah。Tō 是有親目看 tio̍h 現場，我 chiah 了解 lán ê 邊防軍 kap 邊界地區 ê 越南同胞 án-chóaⁿ leh tio̍h-bôa koh 堅強 m̄ 屈服，充滿愛國 ê 精神。

活，真 chē 人 ká-ná bē-kì-tit chit ê 簡單 ê 事實，只好 tō 順 in，m̄-chiah
lán kan-ta ē-sái kap 中國用調解 ê 方式 tī i ê piⁿ-á 存在 kap 發展。

第二部份
東南亞海 kap 可能發生 ê 代誌

中國一直引用歷史海域 ê 根據做 in 想 beh 占領東南亞海 ê 理由來做借口。Chia-ê 無清無楚 ê 根據內底一項是 khiā tī 中國陸地 leh liah 方位 ê 名稱：中華南海。按 in 講 ê 解釋 tō 是中國南方 ê 海域。Che tō 是無理 ê 解釋：Ùi 出海利便 chit-pêng 變做主權 chit-pêng。Che mā 是有 hit 款 chhiūⁿ 大國 leh lêng-tī 小國 ê 根據。Ùi 地理、文化、族群 chit 幾 ê 來看，中國 kek-ke ē-tàng kā 中華南海 ê 稱呼看做是民族 ê 驕傲 niâ。Chhiūⁿ 講有一 ê 海洋號做印度洋，che m̄ 是講印度 chit ê 國家對 he kui-phiàn ê 海洋有全部 ê 主權。另外一 ê 例是墨西哥（Mexico）mā bē-tàng 有墨西哥灣全部 ê 主權。

Tng lán 了解中國人 leh 想 siáⁿ kap ài siáⁿ ê sî-chūn，tō 會發見講 lán leh chèn--ê lóng 全然無意義、無幫助 ê。

中國人認為 ka-tī 是世界 ê 中心。Che m̄-nā 是一種文化 ê hàm-kó͘，mā 是一 ê 大民族 in 精神 tek ê 驕傲，總是 siang-sî mā 是 hō͘ liân-sòa 幾若千年 iáu-bē chhōe tioh 出路 ê 中國 in ê 悲劇起鼓。中國各朝代有中心國家 ê 地位，是世界之王，in 已經 piàn-sè hō͘ hit 領 hiû-á kap ka-tī ê 體格 thang sù-phòe。M̄-koh tō 是 chit 款民族 ê hiau-pai，幾千年來中國自認 ka-tī 是一 ê 世界，m̄-bián 對外界開放，hia kan-ta 是 in ê 外族 kap 邊界 ê 所在。Chiâⁿ 有才情 ê 乾隆皇帝是一 ê siáu-kông、激骨 ê 皇帝，tng i tī 英國大使面前一直固執、硬講「無論 lín gōa 有才情，lín iáu 是輸朕 ê 國家 thiám-thiám-thiám！」（Kan-ta 幾十冬以後，中國 tō ko͘-put-chiong chiâⁿ kiàn-siàu ài 割香港 hō͘ 英國，koh 認輸順服 kah ná-chhiūⁿ 是一 ê 屬國）。聽講毛澤東（Mao Trạch Đông）pîn-tōaⁿ 學外語，因為對 i 來講「世界 ài 學中國話！」Che 是 hō͘ 中國睏 tī 龍椅 téng-koân 在在幾若世紀，soah 輸日本 kap 西方 ê 一部份因端。

悲劇出 tī 中國 ê hiau-pai，致使中國發展 chiâⁿ oh，chiah hō͘ 全世界
有 thang 防備。M̄-koh kap 一 ê 強國地位 tī 地理面 ê 悲劇比起來，che
koh 無算 siáⁿ。日本、美國、印度、露西亞 chia-ê 國家 lóng 是 kap 世界
結連 ah-sī 各方面有發展能力 ê 強國。中國 soah 陷 tī 一寡圍牆城堡內
底，包含國家 ê 實力 kap 山林、沙漠 hit 款大自然環境 chit 二項。北
pêng 是足大 ê 露西亞，東 pêng 是日本 kap 美國關係「安全核心利益」
ê 空間，西 pêng 有印度擋 leh，koh ke 伊斯蘭教 chit tah hō͘ 露西亞 kap
美國 in leh piàⁿ 看 siáⁿ 人 tī hia khah 有夠力。地理 chit-pêng 來講，chia
lóng 是險惡 ê 山林，因為沙漠化 chiah hō͘ 土地變做是瘦地，koh 政治、
民族上 tiāⁿ-tiāⁿ bē 穩，chiâⁿ oh 控制管理。Che 是 án-chóaⁿ 中國決心 beh
kap 印度 lā hō͘ 相戰 ê 因端，目的是 kā in 號做藏南 ê 地區全部拆食落
腹，用貴 som-som ê 代價做西 pêng ê 出口。In ê 不幸是 chit ê 目的無完
成。M̄-chiah 巨人做大國夢 ê 三 ê 出口 lóng tú tiòh chiâⁿ pháiⁿ peh--kòe ê
城牆，甚至無才調 peh--kòe。尾局 kan-ta chhun 唯一 ê 南 pêng ê 出口，
chia 是 beh óa 中國面積一半大 ê 海域，hām 歐洲、美洲、非洲三大重要
ê 大陸（tō 是世界 ê 大部份）kap-óa 以及有戰略性 ê 二 ê 大海洋 ê 所
在。Chit-tah ê 海域對中國 ê 國防、經濟 kap 貿易來講 lóng chiâⁿ 要緊。
M̄-koh siōng 要緊 ê hoān-sè 是 chit-tah 對世界有影響 ê 可能性 kā 看，是
確定中國支配中心 ê 地位。若 beh 講 khah 明 ê tō 是：中國 kā 越南 ê 東
南亞海看做是 in Exit（出口）ê 所在，che 對中國久長 ê 民族危機有保
障 ê 價值。所以，thang 講 chia 是 chiâⁿ 要緊 ê 海域，對中國稱霸世界 ê
目標有足大 ê 影響。Ka-chài hit ê 海域是別人 ê，koh i ê 使命是確保 kui-
ê 世界 ê 海上貿易。Hoān-sè che 是天意，上帝無想 beh chit ê 地球到某
一 ê sî-chūn，kan-ta chhun 唯一有漢人血統 ê 人種。Chit ê 問題內底，無
任何 ê 民族 ài kā 中國 hōe 失禮。中國所做 ê 是出 tī 大漢霸權 ê siáu-tham

bē 滿足 ê 野心 leh 違反天意 ê 行動。Tō kā 準做是中國做主有 in ka-tī 畫 ê U 形線內底 ê 海域部份 ah。到 hit-sî，海底全部 ê 資源，hông 斷定是足 chē--ê，lóng 是 in ê ah，是一種大自然 ê 儲備，phēng chit-má in 幾千億美金 ê 儲備 iáu 大 leh 幾若百倍。有夠養飼數百萬人 ê 全部海產 ê 來源，mā 是 in ê ah。Koh 繼續想看 māi：有一工世界 ê 石油用盡 ah，中國 koh 有真 chē 石油，in tō 有權力提出 hō͘ 世界 ài 聽話 ê 決定。Tng i ē-sái 對東南亞海提出任何決定 ê 時，中國 mā khah 好對付日本、韓國 chia ê 國家，特別是 beh kā 台灣收 tńg--khì ê chit 款威脅，ah-sī 台灣本身卡 tī gāi-giȯk 無法度選擇 ê 局勢內底 ài 志願 beh 回歸中國大陸。

　　第四 ê 原因是非理性 ê 判斷，m̄-koh chiân 有可能 koh 是中國主要 ê 目標：想 beh 實現統管全部東南亞 ê 地區、支配亞洲，sòa-chiap 統治至少世界 ê 四分一。毛澤東本身 bat 想過 beh 做五億東南亞貧農 ê 主席 kám m̄ 是？Tō 是 i 想 beh chhōa 中國人去寮國、泰國、緬甸 tòa kám m̄ 是？Che 是 m̄ 是一 ê kiò-sī ka-tī 是 kap 天 pên koân ê 皇帝講 ê 譀話 ah-sī hō͘ 後代 ê 密旨。印尼、柬埔寨 ah-sī 最近 tī 緬甸所發生 ê 一寡事件了後，lán bē-tàng 無 kā chit 款認定 ê 正當原因 chhōe 出來。M̄-koh 若 kan-ta 是 téng-koân 講 ê hia ê 原因，mā chiân 緊看會出來，為 tiȯh beh 得 tiȯh in 幾百年來 ê 渴望：獨占東南亞海而且 chiân-chò 世界第一 ê 大強國，中國是 bē 放棄任何 ê 手段！

　　為 tiȯh 實現 chit ê 目標，聽講中國提出一百冬 ê 戰略路線來紀念 che 一世紀成立現代中國 ê 2049 年 chiân-chò 一 ê 重大意義 ê 計劃！起頭 hit 幾冬，因為經濟政策 ê 錯誤、對中國能力 ê 幻想 kap 主要是狂 tī 堅固權力、互相鬥爭消滅、互相毀掉，中國領導者已經 hō͘ in ê 國家衰弱、經濟 bái、有外才無內才，致使無人 beh kā 尊存。In 只好暫時 kā téng-koân 講 ê 充滿野心 ê 目標吞落去。鄧小平 làk 權 hit-chūn，經濟資本化 ê 時期起鼓，hō˙中國變做三十冬來世界發展 siōng 緊（siâng-sî 破壞力 mā siōng 大）ê 國家。雖罔 chiâⁿ chē 人愛 kā in 所有消極 ê 做法 sak hō˙中國 ê 起基，m̄-koh 中國起基 ê 實力猶原是一 ê 事實。

現此時中國手頭有愈來愈 chē thang 來實現強國夢想 ê 工具，甚至是唯一 ê 強國。M̄-koh in 猶原 iáu 無夠力 thang 按 ka-tī ê 想法來決定，因為 in 手頭 iáu-bē thėh tiȯh iáu 屬 tī 別人 ê 南 pêng ê 出口 chit ê siōng 要緊 ê kho˙-chí-á。In 猶原 ài「隱藏 ka-tī」。Lán 若 chim-chiok kā 觀察，中國「隱藏 ka-tī 聽候時機」ê 戰略 tō 是為 tiȯh 獨占東南亞海 siōng 大 ê 目標。中國 hoān-sè tī 非洲 ká-ná 有效，ē-sái 支配南亞 chia-ê 地區，m̄-koh tng chia-ê 國家 iáu koh gōng-gōng hông khan leh sėh ê sî-chūn，hia-ê 支配 ē-sái 講 kan-ta 是一時有貿易 ê 款 niâ。中國 tī hia 實現新殖民事業 ê「剝削」、「剝地皮」，用錢、用軟實力來買領土、買國家主權，免派軍隊來占、來管。事實是中國實現 ê 是漢式 ê 殖民主義：無占土地 kan-ta beh 占財產、了後對 in 留落來 ê 屎尾放外外，據在 in 去無 beh chhap。

總是 tng hia-ê 地區 ê 政治夠分 ê sî-chūn，in tō beh kā 中國趕出去，tō chhiūⁿ 頂世紀初期 kap 中期 hit-chūn tȧk-ê 殖民地 kā 歐洲殖民者趕出去 kāng-khoán。時到中國人會取代美國人 chiâⁿ-chò hō˙極端民族主義者趕出去 ê 目標。東海（Biển Hoa Đông）幾 ê 有爭議 ê 島嶼對中國 ê 經濟 kap 擴展生存空間 lóng 無 kài 重要。Koh-chài 講 in 知影無 hiah 簡單 ē-sái 盤過有美國一直 leh 做擋壁 ê 日本城牆。尾局，中國 kan-ta thėh tiȯh 東南亞海 chiah 有法度造就對安全 kap 有地緣政治價值 ê 支配，替中國向世界產生影響創造跳板。若無 chit 塊運命 ê 跳板，tō ná-chhiūⁿ 中國無法度決定 ka-tī beh tiàm gōa koân thang 有效起步 leh 跳 kāng-khoán。Che tō 說明講 sī-án-chóaⁿ 中國 beh 代先 kā 全部 ê 領土戰略 hē tī 東南亞海。為 tio̍h chit 件代誌，中國 siáⁿ-mih 款 ê 步數 lóng 盡展。

In siōng 成功 ê 手段內底 ê 一項 tō 是已經 hō͘ iáu-bē 浮出來 ê 對手 bē-hù thang 防備。頭起先，in 按算用「和平起基」chit 齣來騙過美國，聽候美國陷入困境 in chiah 出面。越南是 in 頭一 ê beh 消滅 m̄-koh 是 siōng 困難、siōng pháiⁿ 剃頭 ê 主要對手，in 用十六字金字[1]、四項好 ê 精神[2]，koh 有意識形態 ê 大局利益為主 leh 欺騙。Lán iáu 無夠額 ê 證據來斷定講 ta̍k-ê 越南 ê 領導者 lóng 相信中國講 ê 好聽話，m̄-koh 知知 leh，lán 已經 hō͘ 中國牽 leh lin-long-se̍h se̍h chiâⁿ 久 ah，（chit 內底包含關係領海主權 ê 問題，越南人 ka-tī ê chhùi lóng háp--leh），thōng 無 mā 牽 leh se̍h 到 in tiàm 東南亞海畫九段線 hit-chūn。二十冬 ê 時間內底 tī 外交 chit 局 leh poa̍h-pháiⁿ-kiáu，chit 局內底 ê 莊家 lóng 中國 leh 做，已經有夠時間 thang hō͘ in tiām-tiām-á 全面準備 in ê 實力，ah-nā 越南 kap 菲律賓 soah iáu m̄ 知 kah 半項。越南 ê 海軍、空軍原本無強，菲律賓 chit 方面 iáu khah 弱，致使中國 tī 海上占大 ê 贏面。一直到中國船 kā 越南探勘船 ê 電纜割 hō͘ 斷，koh siàu-siūⁿ 菲律賓宣布 Scarborough 海埔 ê 主權 hit-chūn，二國 ê 領導者 chiah bē ba̍k-chiu kheh-kheh 耳仔 ng--leh 來騙 ka-tī ah。

有一 ê 緊急 ê 問題是：關係 chit ê 戰略 ê 企圖，中國 kám 決意 beh 發動一場全面 ê 海戰來占領東南亞海？Koh tang-sî 會發生？

---

[1] 譯者註：Tō 是「厝邊和睦、全面合作、久長安定、kiâⁿ 向未來」。（"Láng giềng hữu nghị, hợp tác toàn diện, ổn định lâu dài, hướng tới tương lai"）

[2] 譯者註：Tō 是「好厝邊、好朋友、好同志、好同伴」。（"Láng giềng tốt, bạn bè tốt, đồng chí tốt, đối tác tốt"）

Beh 回答 chit ê 問題 chìn-chêng，代先 ài ē-hiáu 回答 ē-kha chia-ê 問題：

- 細項 ê chhiūⁿ 中國 ê 海軍 kap 空軍，大項 ê chhiūⁿ 中國正港 ê 實力強 kah siáⁿ-mih 款程度？

- 若發生全面 ê 海戰，按算 i 會拖 toh 一國加入戰局？

- 美國 siōng 激烈 ê 反應會 kah siáⁿ-mih 款程度？

- 中國對海戰 ê 後果會堪得 kah gōa 大 ê 程度？

Lán 會 sûi-ê 來討論。

中國有真 chē 外匯存底，ē-sái 真緊 tō 動員國家 ê 實力，總是十三億 ê 人口，有超過一半是 sàn-chhiah--ê，福利 ê 壓力 chiâⁿ 大。中國 tiāⁿ ài 面對內部 ê 無穩定。中國本底 beh 集中 tī 戰爭，為 tiòh 預防「阿拉伯之春」chit 款革命運動 ê 病尾，soah ài tiāⁿ-tiāⁿ 備辦一支大軍隊。

雖罔中國 ê 海軍、空軍強 tiòh chiâⁿ 緊，m̄-koh 若範圍 siuⁿ 遠 chhin-chhiūⁿ 東南亞海 ê 戰爭，in beh 占贏 ê 勢面 iáu 無夠。因為中國 ka-tī 講 in 有超過 300 萬平方公里 ê 水域面積，án-ne kā 看，目前中國海軍 ê 實力 tō siuⁿ liāu-siáu ah，koh in m̄-bat 有 chiūⁿ 過戰場 ê 挑戰，對手 mā bē 永遠坐 tī hia leh 等死。1979 年邊界戰爭 ê 教訓 tiāⁿ-tiòh 真 chē 中國 ê 軍事家應該 koh ē--kì--tit。雖罔初期越南因為失覺察 soah hiông-hiông hō͘ 中國 sut 後炮，m̄-koh chiah 無幾工 niâ，中國 tō 輸 hō͘ 平時 chhēng-chhah 是作穡人 ê 越南戰兵，開始食 tiòh kiⁿ ah。Tī 陸地 to 已經 chit 款 ah，mài 講是 tī-leh 海 téng-koân，是中國 m̄-bat hông 公認講有優勢 ê 所在。Che iáu 無講 tiòh 占領了後 kám 守會 tiâu。中國 chiâⁿ 清楚 chit ê 弱點。

中國 iáu 無航空母艦，按久長來看中國 ê 航空母艦 mā iáu 無法度有效 leh 駛來用。中國空軍主要是向世界 leh lāng-gê、chhàng-chhiu niâ，iáu 無才調 tī kui-ê 東南亞海展 in ê 軍事戰略，特別是 chhiūⁿ 越南 chit 款有才調控制真長 ê 海岸線 ê 對手。若是越南 tī 南沙群島 hia-ê 島嶼有真好 ê 防禦計畫，雖罔越南空軍 in 飛 ê 航程 kan-ta 是對手 ê 一半 niâ，m̄-koh 有 in ê 協助，koh ke 準確性 koân ê 海岸防衛導彈、tàu tī 驅逐艦 kap 海底船（潛艇）téng-koân ê 導彈 chia--ê leh 協助，雖罔 án-ne phēng 中國 lám 身幾若倍，總是 chia 聯合起來 ê 力頭猶原是中國 ián 無sáⁿ 會倒 ê。

Tō 算中國 ē-sái 自由採取行動（意思是無 hō͘ 美國、日本、印度 chia-ê 國家直接阻礙）ê sî-chūn，中國 leh 開戰 chìn-chêng mā ài 算 kah chiâⁿ téng-chin chiah ē-sái--tit。若是 kan-ta beh 盡靠實力，中國 iáu m̄-káⁿ 冒險發動一場有 hiah-nī chē 風險 ê 全面戰爭。

Toh 一國會 hông 牽連去對削，大部份是看中國 ê 算盤 án-chóaⁿ tiak，che 是大國 ê 優勢。In 會主動調整戰場 ê 範圍，hō͘ in 免分散力量 mā 無公開去挑戰美國。考慮 tióh 目前政治 kap 地理 ê 實在情形，ē-sái 講做除去越南掠外，bē 有 toh 一 ê 國家會 hông giú 去 kap 中國對削。過去幾十冬，中國 tī 海軍 kap 空軍所有用心 ê 備辦 tō 是為 tióh beh 對抗 hām 壓制越南！刁工 tī 東海（biển Hoa Đông）kā 代誌舞大 ê 行動 kan-ta 是中國設 ê 空殼軍隊 leh 食聲迷惑敵人 niâ，目的是 hō͘ 越南 bē 去注意警覺 tióh。M̄-koh 中國 i 知影講世界有 toh 一寡力量會支持越南 hō͘ 做靠山，in kan-ta 會 tī 戰爭爆發 ê 時，chiah 會公開出面，in án-ne 是為 tióh ka-tī ê 利益 kap 對中國 ê 仇恨，che 是地球 téng-koân iáu tī-leh ê 真實 ê 感情。Che 會致使中國 kap 世界大部份 ê 地區 tùi-chhiâng ê 一 ê 風險。

美國是唯一了解 tióh 一旦中國真正占 tióh 東南亞海，對 in ê 國家

kap 全世界 lóng ài 付出足 koân 代價。若發生 chit 款情形,美國會失去利益 kap 對世界實質 ê 領導權,特別是對 in 講來足要緊 ê 太平洋地區。另外,美國 ài koh 對 i ê 同盟 tō 是日本、韓國、台灣、印度、澳洲、新加坡 kap tī 東南亞海有經濟利益 hām 安全有密切相關 ê 國家有義務。因為有 chit-kóa 戰略 ê 因端,美國會決心用間接 ê 辦法來阻擋 hō˙ i mài 發生戰爭。Chit 件代誌 thōng 無 lán 目前了解 ê,美國是做會到 ê。現此時到未來 chit 幾冬,中國 iáu 無強 kah thang kā 美國 hia-ê 有警告意思 ê 軍事戰略當做無看 ê hit 款程度!

Chit-má lán beh 討論講,決定東南亞海 kám 會發生戰爭 ê siōng 重要 ê 因素,kap 中國 ài 承擔損失人命、經濟、政治、國際名聲 chia-ê 後果有 gōa 大 ê 程度?

Chit ê 世界 ta̍k ê 大洲 kap 國家之間一直 lóng 互相縛 tàu-tīn,chiâⁿ-chò 全球 kāng 命。Chhiūⁿ téng-koân ê 分析,準講中國 i 國家 ê 後氣真大,m̄-koh i iáu 是一 ê tú 脫離 sàn-chhiah ê 國家。中國自來 lóng 有 i 內部 ê 問題,致使 in chiâⁿ oh 擴大,in m̄ 驚分裂。Kan-ta 西藏、新疆 chia-ê ê 問題,無 gōa 久 tō ē-sái kā in 政治資本 hām 自信心 suh ta--khì。論真講,過去 chit 幾十冬,中國 ê 發展是因為接受 ta̍k-ê án-ne leh 互相倚靠。若無向美國、日本、歐洲 chia-ê 國家拍開大門,中國永遠無可能有現此時 tī 經濟、國防 ê 地位。Chit 款 ta̍k-ê pa̍k chò-hóe ê 關係,hō˙ ta̍k 國無可能講無損害其他國家 kap ka-tī 本身 ê 情形下 tō chhìn-chhái 採取單方面 ê 行動。根據 chit 條權利 ê 粗索來維持世界 hām 區域 ê 和平。所以中國會考慮講 tng ka-tī 發動戰爭 ê 時,in kám 會堪得 hō˙ 世界孤立 ê 後果?Chhiūⁿ 講,若是中國向越南 ah-sī 菲律賓發動戰爭,美國 kap i ê 同盟針對中國 kā 制裁一項經濟。Chit 款 ê 制裁是絕對有可能發生 ê。

Koh 中國 tō chhin-chhiūⁿ nńg-kha ê 巨人,為 tiòh 至少留一 ê 強國 ê 體面,無 tiāⁿ-tiòh chih-chài chit 項 ê 時間 bē 久。Ah-sī 全球 kā 孤立、抵制中國 kap i ê 利益?Che mā 絕對有法度變做是 chiâⁿ-sit--ê。時到中國會失去 in chiâⁿ-chò 真正 ê 強國 ê 真 chē 冬 chìn-chêng,in 全部建置、鼓舞 ê 中華價值。He koh 無包含中國 hoān-sè ài 面對 chē-chē 所在足闊 ê 自治領土 in 有民族主義精神 ê 脫離意識,hō͘ 印度 beh 擴展 i ê 影響力 leh 製造機會。因為中國社會自來 m̄-bat 統一團結過。In 足想 beh 脫離 ê 意識一直 chhàng leh,in 是 leh 聽候機會 chiah beh khí-piàng。

Téng-koân lán 已經有講 tiòh 軍事實力 ê 限制 kap 政治 téng-koân ê 束縛,che hō͘ 中國 leh 計劃 beh tī 東南亞海進行大 ê 海戰 hit-chūn ài 去再三考慮、斟酌。M̄-koán án-chóaⁿ,chia-ê 認定 mā kan-ta 是一 ê 相對性 ê 假設 niā-niā。對中國式 ê 政治制度來講,一場冒險 ê 軍事有 tang-sî-á 是 ùi 一寡無 kài 了解 kap 無法度按算 ê 原因起頭 ê。1979 年,越南 kap 中國之間 ê 戰爭 mā bat hō͘ 國內外 ê 分析家 in 料想 bē-tiòh--ê,in tō 是 kan-ta 靠表面 ê 現象,siuⁿ 過相信 hit 款一般正常 ê 理路。總是 iáu 有另外一款理路,he tō 是中華文明一直看做是一種特別產品 ê chit ê 無 hàh 理路 ê 理路。

無 tiāⁿ-tiòh 已經有夠額 ê 證據來確認鄧小平個人提出侵略越南 ê 決定,大部份是為 tiòh 個人 ê 面子,另外是為 tiòh i ka-tī 想 beh 做一 pái 權力 ê 試驗。Kap 毛澤東 ê 試驗比起來,i thèh 出來相輸 ê 人命數量 ke chió 真 chē。按美國 ê 估計,kā 南征一個月內無命 ê 中國兵 á ê 人數是三萬算在內,án-ne mā kan-ta 是 i ê 前輩為 tiòh 文化革命 chit-ê 怪胎 ê 實驗所屠殺 ê 人命數量 ê 千分一 niâ。中國 ê 政治 m̄-nā 對 in 本身 koh 對世界 ê 風險來講 lóng 是 am-khàm tiâu--ê,因為 i iáu 是崇拜 áu-bân ê 政

治，本質是粗殘 ê 政治，黑暗 ê 政治。M̄-chiah 講，若是 kan-ta 為 tiòh téng-koân 講 ê hit-ê 全球 kāng 命 ê 束縛，是 iáu 無夠 thang 斷定講 ùi 中國發動 ê 一場粗殘 ê 戰爭 bē tī 東南亞海發生。M̄-koh，ē-kha 講 ê hoan-sè 是會 hō͘ 中國 ài 去 tiuⁿ-tû ê 理由：In 無法度確定短期內，kám 有才調百面會贏一場全面 ê 戰爭，tō 是講 in 手頭 iáu 無結束戰爭 ê 劇本。Che 是絕對有可能發生 ê。漢朝征服南方 ê 歷史應該 in iáu 無 kā bē-kì--tit。若 koh 失敗，現代 ê 中國 hoan-sè 會崩盤散了了，代先總是 ài kā in 想盡辦法、beh 培養 ê 中華精神 hō͘ i 崩盤。Che 眼前 ê 後果是會 hō͘ 中國 chit 隻無毛雞 leh 假大格 ê 秘密 piak-khang，中國 chit-chūn leh 有效使用打壓別人 ê 手段，chū-án-ne 對同盟、對敵人 lóng chiâⁿ pháiⁿ-sì、pháiⁿ-khòaⁿ。中國對東南亞以外 ê 隔壁國 chhiūⁿ 日本、韓國，特別是台灣 chia-ê 國家，i háⁿ--lâng ê 優勢 mā bē koh tī--leh。時到，中國 kòa 本錢 mā liáu--khì（失資本 koh liáu 利益），koh 無 tiāⁿ-tiòh 過去 ê 中華歷史 mā ài 重寫。

M̄-chiah chhiūⁿ téng-koân 講 ê，中國 tú--tiòh-ê siōng 大 ê 問題 m̄ 是 án-chóaⁿ 開始戰爭是 beh án-chóaⁿ 結束戰爭？中國 hia-ê 鷹派戰略家 iáu-bē 想好任何比開戰了後用數量 chē ê 武器、航空母艦、彈道飛彈 chia-ê 力量 kā 對手 ián hō͘ 倒，hoan-sè 初期會贏 kóa，m̄-koh 尾後軍隊 ài 撤 chia--ê，iáu 有 khah 好 ê 劇本。若早知是 án-ne koh 猶原衝入去，he 是失理智、起痟 ê 人 chiah 會做 ê 代誌。無法度結束，tō 是 leh 講有中國 ê 生死鬥價值 ê 南 pêng chit-pêng 全部是 leh 戰爭 ê 狀態到 tang-sî iáu m̄ 知。時到，chit 局 ê 主動權 làk tī 對敵國家 ê 手頭，對 in 來講 siōng 危險 ê tō 是越南。越南是世界第一有剛強防守 ê 能力 kap 充滿未知數 ê 軍事藝術 ê 民族。Tng in hông 逼 kah 無相戰 bē-sái--tit hit-chūn，tng 東南亞

海是戰場 hit-chūn，tng 各強國為 tiòh in ê 利益 tiām-tiām-á 對越南支援武器 hit-chūn，án-ne 越南 tō 有法度 hō͘ 中國 phēng 死 koh khah 艱苦，有才調 kā in 通過馬六甲海峽 siōng 重要 ê 貿易路線斬 hō͘ 斷。In chit-chūn leh 對柬埔寨所做 ê tō 是為 tiòh 預防 chit 項代誌，m̄-koh 無路用。無人會懷疑 chit ê 理論 ê 數字，mā 無必要 ài 有五千粒 ê 反艦飛彈，chiah ē-tàng kā 中國全部海軍 ê 力量 phah hō͘ i 沉落去東南亞海。因為 he 是越南人幾千年來為 tiòh 無 beh hông 消滅 chiah 進化 ê 生存本能。

總講一句，一旦中國手頭已經有結束戰爭 ê 劇本，in 隨會 tī 東南亞海開戰。Lán ài hō͘ 中國人知影，in 手頭永遠無法度正經有 chit 件寶物，所以另外一 ê 是看 tiòh ká-ná 非理路 koh chiân-chò 運命 ê 理路：Tō 是越南人會決定講 kám 容允中國 hō͘ i tī 東南亞海 hoah 水 kian 凍。越南是一 ê 小國，猶原 ài 和平、tiàm 中國 ê 邊 á leh 安定生活。中國 tō chhiūⁿ 越南 kāng-khoán mā ài 和平，mā 需要安定江山國界，特別是南 pêng ê 門口。設使中國想 beh 正經有安全保障 ê 所在 tō bē-tàng 準無看 tiòh 越南 ê 存在。

第三部份
中國行動 ê 預測 kap
越南 ê 選擇

中國展現決心 beh 占領東南亞海是 m̄ 免去懷疑 ê 事實。無人會相信中國用各種外交言語來行銷家己 ê 虛情假意。咱需要關心 ê 問題是 in 是 m̄ 是有才調實現這个意圖 kap in 會用 siáⁿ-mih 方式來做?

Ùi 頂 koân ê 分析來看,咱會當提出預測,tī 無久 ê 將來,中國主要會以「heh 驚」ê 方式為主,想辦法施壓、收買、巴結、欺負等等,hō 對東南亞海相關 ê 國家 lak 入困境,必須接受中國提出 ê 條件來尋求 kap in 妥協 ê 方式。中國 ê 做法是 tī 製造紛亂 ê 事件了,趁機會輸出 in ê 觀點 iā 是 tī 看情況咬人一 chhùi,像 1988 年 ê「赤瓜礁」(Gạc-ma)、1995 年 kap 1998 年 ê「圍巾環礁」(Vành khăn)。當各國 iáu bē 赴作出反應 ê 時,中國 chiū 成功--a。 拆白講,中國會繼續用軟土深掘 ê 方式,táuh-táuh-á 掘,kā 你侵略、攪吵,主動 kā 形勢複雜化了,趁亂入去內部施加壓力。中國這个做法有伊絕對 ê 優勢。第一,in khiā tiàm 贏面,bē 輸,mā bē 失去 siáⁿ-mih。因為對手已經 khiā tiàm 弱勢 ê 位置,需要冷靜,無法度 liam-mi 有應對反抗 ê 策略。

第二是 in 會當分化對 in 施壓 ê 對象。因為各國為 tiòh 家己 ê 利益 lóng 會採取以和為貴 ê 做法。

第三是中國 kan-ta 停留 tī 一寡「小」動作,bē hō 對手 iā 是相關 ê 國家看做是發動戰爭 ê 藉口。有真 chē 西方分析家認定,有 bē 少當地政府、中國軍隊對東南亞海相關 ê 決定是 in 家己自動發起--ê,中央政府並 m̄ 知影。會有這款 ê 認定是因為一寡 tī 中國 khiā koân 位 ê 領導者真 gâu 講 hau-siâu 話。會這款 ê 認定,mā 有可能是因為大家想法 siuⁿ 過天真、慣勢生活 tī 一个尊重法治 ê 環境、一切 lóng 公開透明 ê 西方民主,chiah 會忽略這種中國 ê 計謀。中國人真 gâu 用假消息 kap 煙霧彈來騙天下。In 用 chia ê 方法來探路,nā 一切 lóng 順利,chiū 會 kā 當

做是國家政策。Nā 無順利，mā m̄ 是國家 ê 責任。類似 án-ne，in bat 用報紙媒體《環球時報》傳播一寡觀點，試探對方 ê 反應。Nā 條件允准，in chiū 會變做中國政府 ê 觀點。Che mā 是中國對世界「heh 驚」ê 方式。Nā 深入了解中國現此時 ê 政治環境，tio̍h ài 看 in 公民所做 ê 一切，lóng 受 tio̍h 政府各部門機構嚴格 ê 控制。Che nā m̄ 是中央政府 ê 立場，無任何單位敢冒險 án-ne 做。

第四項利益是中國表現出 in 真堅定 tī 其他 mā teh 要求主權 ê 國家，繼續要求主權。Che 是中國 kā 無合法 ê 代誌法理化 ê 方式。譬如 in tng-teh 準備成立三沙省，咱絕對 bē 當無關心這件代誌。代先 kan-ta 是紙頂 koân ê 一个省，hō͘ 越南、菲律賓等看做無價值 ê 所在。但是後來，in chiū 會 kā 這个省輸入去幾億中國人 ê 頭殼內底。透過三沙省製造貿易交流，kap 彼寡無衝突 ê 鄰國進行外交。親像最近邀請 tio̍h 招標探勘石油 ê 行為，iā 是透過三沙這个地名 ê 幾个利潤真 siâⁿ 人 ê 商業交易。一寡由中國主辦 ê 小型會議、展覽、體育競賽 lóng tī 三沙舉行，ta̍uh-ta̍uh-á 三沙這个名 tio̍h 會變做世界 tiāⁿ-tiāⁿ 聽--tio̍h ê 地名。三沙會行入國際性 ê 文件、資料，ta̍uh-ta̍uh-á 變做是中國真正 ê 行政單位。時到，咱 tī 東南亞海上 ê 活動 chiū 會理所當然 hông 被認定做是中國三沙省 ê 活動！世界 bē 去關心三沙實際是 siáⁿ-mih、會造成 siáⁿ-mih 損害，in kan-ta 關心三沙會當 ùi 家己帶來 siáⁿ-mih 利益。親像世界慣勢叫中國南 pêng ê 海是南中國海(South China Sea)、舊曆新年是中國新年，到某一个時間，in kan-ta 知影三沙是中國 ê 一个省。時到，中國會利用這一點 thang 對外宣戰，kā 這个行為當作是保護三沙 ê 自衛權！

對越南來講，che 是一个非常陰險 koh 危險 ê 陰謀。

Tng 咱必須 tī 面對中國 ê 主權問題做出重要決定 ê 時，咱 chiū khiā

tiàm 困難弱勢 ê 地位。Che chiū 是 khǹg tiàm 越南 kui 个民族 koh 有共產黨面頭前 ê 事實。越南共產黨 in 當然是對這个困境真頭疼,但是 in 自願 kā 意識形態這條索仔束 tiàm 家己 ê ām-kún,kā 家己雙手綁死。Tng 意識形態是中國戰術陷阱 ê 時陣,對真 chē 越南共產黨 ê 領導者來講,伊 hông 看做是有戰略性 ê 解決方案。

Nā beh 講越南共產黨無實際 ê 作為 iā 是無保衛領土、領海 ê 決心,是無公平 ê 講法,是 teh 講受氣話,m̄ 是認真 teh ê 判斷。咱 kan-ta 會當懷疑 in tng-teh 方法使用 ê 效果。近年來,in ê 辦法是模仿膨鼠 ê 智慧:利用 peh 石壁 ê 技巧來脫逃。Che 是一个有智慧 ê 詭計。但是因為中國目前 ê 情況,án-ne ê 戰術 kan-ta 會有一時 ê 作用。Tng in 已經是強國 ê 時,chiū 所有 ê 步數 lóng 會無效。Khah 明白來講,tī 這个時間點來解決中國問題,雖然非常無簡單,但是總比幾十年後 chiah 來解決會 ke 真順利。所 pái,nā 無 sè-jī chiū 會變做是越南人本身 teh 替中國拖時間,製造機會。

咱 tiān-tiān lóng 會 bē 記得中國是 ūi-tiòh beh 穩定內部,koh 有實現崛起 ê 戰略,中國 chiah 是比咱 koh-khah 需要周圍安定 ê 彼 pêng。咱因為對家己 ê 力量無自信,m̄ 敢善用家己厲害 ê 位置,顛倒頭來主動對中國施壓,講條件。換一句話講,越南手頭無需要做中國 ê「棋 jí」。越南人 nā koh m̄ 清醒,家己人 nā beh 繼續 án-ne chàh 家己人 ê 目睭,互相 giú 後跤,越南人真正準備變做對方 ê 料理。這道料理 chiū 是用意識形態做藉口、這道料理 chiū 是無想 beh hō͘ 東南亞海情形變 koh-khah 複雜、這道料理 chiū 是因為煩惱會破害兩个黨之間 ê 關係,來封鎖家己、暗崁消息,最後共產主義思想行 ǹg 衰弱。

咱所有 ê 觀點,nā 會當真正體現出智慧 kap 效益來保護國家主權

kap 利益，保護越南公民（尤其是漁民）ê 措施都是好--ê。請試用冷靜、客觀、理智 ê 分析看咱會當 án-chóaⁿ 來實現目標？

Óa 靠意識形態

Kan-na ka 入意識形態 ê 因素了，越南 kap 中國之間 koh 有菲律賓 kap 中國之間 ê 對抗，chiah 看會出實際差異：中國 kap 菲律賓 ê 對抗是對手之間 ê 對抗，中國 kap 越南是兩个兄弟之間繼承 ê 競爭？因為 án-ne，Tioh 算越南 chiah 是中國南進 ê 主要阻礙，但是 oan-ke kán-ná 無 chiah 激烈？

Nā 是咱 ùi 表面 kā 看，其實已經早 tioh 有一寡症頭出現。

Che 是由越南本身提出保護家己國家 ê 策略內底所製造出來對家己不利 ê 點。中國膨風講咱全款 ê 體制有共同 ê 利益，欺騙越南 chhōa 頭 ê 領導者。Ùi 理論上，tng 共產主義贏了，所有 ê 國界 kap 國家 mā lóng 會消失。為 tioh beh 實現人類這个目標來拍拚 ê 兩个國家，無理由無了解 tó 一个未來對 in 來講 chiah 是 siōng 重要 ê。因為無 sè-jī 輕信 koh 有受 tioh 意識形態感情 ê 支配，有一寡越南領導人已經 kā 國家利益降做第二，用來服務這个目標。Tī 越南共產黨主要 ê 領袖其中之一，有一句真出名 ê 話，簡單、有力反映這一點事實：「會使講中國 bái koh siáu 貪，但 in 捍衛社會主義」。Chiū 是這位領導人，ùi 1991 年開始，成都會議結束 ê 幾十冬來，長期禁止新聞界 bē 當提起西沙群島這个地名，因為驚會惹中國無歡喜，破壞大局（1994 年 tī 阮攸寫作學校 (Trường viết văn Nguyễn Du) ê 一擺演講內底，人民報(báo Nhân Dân)ê 前任領導講，目的是 beh 讚揚彼位領導人 ê「遠見」）。Chia 講 ê 大局是由中國 chhōa 頭 ê 國際共產主義運動。Chhun ê 一寡人認為 kā 意識形態、主權

這粒球踢 hō͘ 未來 ê 囝孫處理是 siōng 好 ê 辦法。對 chia ê 人來講,家己 ê 權力,bih tī 黨 ê 權力之下,比民族 ê 利益 koh-khah 高尚、koh-khah 重要。

Nā 中國 mā 考慮採取全款 ê 行動,án-ne 無 siáⁿ 通好討論 ê,但是現實完全無全款。中國散布意識形態煙霧彈這招,是用來弱化越南上粗俗 ê 戰術。Kā 越南綁 tī 一條無形 ê 索仔頂,hō͘ 越南 tī 有關東南亞海 ê 問題 kap 一系列其他問題頂,因為國家利益 m̄ 敢行動 ê 同時,中國 soah 利用時間來設立有關東南亞海 ê 假資料、tī 條件允准 ê 情況之下,以占領東南亞海做目標,培養大漢民族精神。一寡「兩國領導人之間」籠統含糊 ê 協議是中國 tī 越南領導者面頭前 tiāⁿ-tiāⁿ 展出來 ê 步數。Án-ne 彼寡無透明內容 ê 協議是對民族內部 ê 分裂,領導者之間 ê 猜疑、人民 kap 政府之間 ê 分裂等等,非常有路用。Koh-khah 危險 ê 是,che mā hō͘ 對越南 ê 支持者感覺 ià-siān、真 thiám、失去信心,tảuh-tảuh-á 分散 in ê 關心。Tng 菲律賓想 beh 知道越南 kap 中國協商 siáⁿ-mih ê 時陣,中國早 tiȯh 已經達成目的,khiau 跤 lián 喙鬚。菲律賓 hoān-sè 無 chiah 重要。但是美國、印度、日本甚至連露西亞,mā lóng 有全款 ê 問題,che mā 表示越南會 tảuh-tảuh-á hō͘ 國際孤立、放 sak 。

所以咱會當結論:意識形態 ê 對立,kan-ta 是製造出眼前、短期利益 ê 感覺,對中國 khah 有利。然後一寡藏 tiàm 後壁 ê 事實,一方面無法度阻止漢人 ê 野心,另一方面,中國 tng-teh ūi 家己民族長遠 ê 利益拍拚 kā 咱束縛。Kā 越南 ùi 世界孤立,hoān-sè 是中國上 ǹg 望看 tiȯh ê 代誌。

Óa 靠東南亞國協(ASEAN)

越南共產黨者 tī 過去 20 年內底，達成上大 ê 外交成就之一，chiū 是 chhōa 咱 ê 國家加入東協。(回想當初時中國受氣、無助 ê 態度 chiū 知影。) 會當講，che 是越南政治思想內底真重要 ê 轉變方向。Khiā 東協成員 ê 位，chhōa 越南 phah 開行向世界 ê 大門，利便 ùi 小區域內底以大國（至少 mā 是重要 ê 國家）ê 位置行向後一步。無任何所在親像東協會使 hō͘ 越南全款 ê 評價，無任何所在做會到像越南 tī 東南亞國協內底，有發言權，別人 koh-ài 非常 chim-chiok 聽。Ùi 協會成員 ê 位置出發，越南有 koh-khah chē ê 優勢，會當順利 tàn-sak 受中國影響 ê 影，hō͘ 中國提出有關全區域利益訴求 ê 時陣無法度烏白來。Koh-khah 重要 ê 是，咱 kap 美國 ê 關係加一條管道。其他重要國家，tiāⁿ-tiāⁿ 會考慮美國 ê 態度了 chiah 做決定。這个世界會愈行愈 óa，愈來愈互相依賴，忽略這層事實 tī 政治上是無明智 koh 短視 ê。

但是，tī 東南亞海對海洋 kap 島嶼 ê 主權問題內底，有關公眾輿論 kap 態度表達方面，雖然東協看起來 kan-ta 有一種聲音，但是 soah 是非常重要 ê 聲音。中國無法度忽略這港聲音，因為 in 對 kui-ê 東協 ê 權利影響真大。有越南在內 ê 東協，後壁 ê 力量比越南家己一个人 ê 力量會使講大真 chē。Án-ne 以外，中國知影總是有一个 ê 美國 khiā tiàm 後壁，是 kui-ê 東協 ê 朋友，tī 貿易、政治、外交方面上有國家利益。Kap 美國有真 chē 傳統盟友 ê 所在，其中，上重要 ê 是 Indonesia，nā 時局順利，越南 chiū 是後一个名單。另外，日本、印度、歐洲聯盟 koh 有 ùi 一寡利益 ê 壓力，hō͘ 露西亞 mā 加入，變做 tiāⁿ-tiāⁿ 入來干涉 ê 朋友，hō͘ 東協 chiâⁿ 做國際安全、航海、思想交流 ê 中心。這種干涉 hō͘ 中國無意中 khiā tiàm 弱勢 ê 地位。咱需要徹底地利用東協成員 ê 資格，任

何雙 pêng ê 衝突 lóng 有可能演變做真 chē-pêng 衝突 ê 所在，che 是中國上驚 ê 代誌。M̄ 是講 in 驚東協 ê 軟 chiáⁿ kap 無統一 ê 力量，是驚講 in 知道美國永遠 bē 放棄干涉區域內情 ê 機會，而且這種干涉 ê 本質是阻擋中國 ê 證據。In 真清楚，東協 kap 中國之間 ê 任何協議 lóng 有美國 ê 手，che kap kan-ta 越南 kap 中國之間 ê 協議有真大 ê 無全。

總結來講，nā 是 kap 中國 tī 主權問題頂有直接軍事 ê 對抗，咱無法度 óa 靠東協做後跤 iā 是對抗 ê 力量。但是，東協是真有政治力量 ê 聲音，會使 hō͘ 中國無法度 kan-ta 照家己 ê 意思 chiū 做家己想 beh ài ê 決定。所越南需要 kap 東南亞國協有 koh-khah 深 ê 交陪，tī 促進各方束縛 ê 過程，表現出 koh-khah 大 ê 誠意，甚至必須犧牲一寡 khah 細 ê 利益來 giú kui-ê 東協，用無全 ê 方式深度干涉東南亞海，特別強調安全 kap 航海自由 ê 問題。東南亞海是 kui-ê 東協 ê 事務，是國際 ê 事務，越南需要 tī 任何論壇，任何對話內底 tī 這个立場保持一致，弱化中國所有分裂東協 ê 企圖，親像中國政府對柬埔寨所進行 ê khang-khòe。

Óa 靠全款是社會主義派時代 ê 盟友

Tī 世界 ê 朋友內底，上重要 ê 是露西亞。 m̄ 管是露西亞 iā 是世界 ê 政治氣氛按怎改變，越南 lóng 必須 ài 維持 kap 這个重要朋友 ê 關係。露西亞到 taⁿ iáu koh 是越南軍事頂頭上值得信任 ê 朋友。但是露西亞已經無像進前 ê 蘇聯 án-ne，tiȯh 算需要犧牲一部份 ê 國家利益，mā 會當簡單根據國際精神做出感性 ê 決定。現此時 ê 露西亞行實在、冷酷民族 kap 無 thang 預測 ê 外交政策。露西亞是維持世界上真 chē 上複雜關係 ê 國家，而且總是透過真好使用 ê 工具「錢」來做保證。露西亞無法度 koh 直接干涉領土以外 ê 事務，今仔日 ê 露西亞政客 bē án-ne 做。

觀察 tī 貿易上 ê 關係 kap 露西亞 ùi 中國得 tiỏh ê 利益、觀察地理位置 kap 一系列其他束縛 ê 方面，chiū 看會出來，中國對露西亞 ê 重要性是越南 ê 幾 nā 倍。犧牲中國利益，是一個淺見 ê 做法，chit-má ê 露西亞當然 bē 允許任何領導人 án-ne 做。所 pái，會當看會出來，露西亞無希望一个強大 ê 中國，有機會 tī 將來佔領 in ê 遠東地區，像美國 án-ne 會當 kā in 壓制，但是露西亞 mā 真堅持 bē 來東南亞海 ê 衝突 chhap 一 跤。

露西亞有真大 ê 民族面子問題，beh 失去強國 ê 地位無 chiah 簡單。Koh-khah 講，tī 露西亞 beh 轉來東南亞 ê 戰略內底 mā 真需要越南。Che chiū 是 ūi-siáⁿ-mih 露西亞會盡力，bē hō͘ 中國有機會派兵威脅 tiỏh 越南，in 會 kā 家己 sak 入去困境。In 手頭有幾張牌仔，親像：能源、軍事技術、外交利益等，koh 有聯合國安全理事會常任理事國 ê 位。暫時這幾張牌仔 iáu-koh 非常好 phah，會當影響中國一部分 ê 決策。但是這幾張牌仔 ê 力量 tng-teh tảuh-tảuh-á 消失。咱 ài kín thàn chit-má iáu 會使，而且 koh 需要利用露西亞 ê 時陣，kín kā in 買現代 ê 精密武器、接近 in ê 技術，像露西亞一直 tī 印度做 ê 代誌全款，tī 越南領土頂 koân 生產這種武器。咱 ài 大力促成露西亞翻頭干涉東南亞 ê 事務來分散中國 ê 焦點。

Kap 露西亞無仝，日本、印度對中國 ê 戰略利益比較束縛 khah 少。In ê 外交政策 mā khah 清楚。Che 是兩个對越南來講非常為重要 ê 地區強國。Nā 是考慮 tiỏh 利益、地位 kap 力量 ê 方面，印度會 khah 有意願 khiā 出來阻止中國這方面 ê 問題。咱想 beh 特別強調印度 tī 東南亞海問題頂 koân 對越南 ê 重要性。因為關係 tiỏh 歷史 kap 領土 ê 衝突，hō͘ 大國印度長期以來 lóng 是中國公開 ê 敵人。Tng 中國公開對關係 tiỏh

印度安全 ê 戰略地區宣布主權 ê 時,兩个國家 tio̍h 真歹 chhōe tio̍h 共識。印度永遠 bē 接受中國 tī 亞洲 ê 領導地位。民族 ê 尊嚴,面積、人口 ê 規模 kap 區域中大國 ê 位置 lóng bē 允准印度 àⁿ 頭 kap in ê 思想妥協。印度 kā 區域安全問題 ê 干涉看做是家己 ê 權利 kap 使命。中國 kap 巴基斯坦之間 ê 親密關係 hō͘ 印度除了保護家己 ê 利益以外,chhōe tio̍h koh-khah chē 必須 tī 東南亞海平衡勢力 ê 理由,而且對咱越南 koh 真有利。Nā 是 tī 東南亞海頂 koân 發生大衝突,印度一定是上堅定 khiā tiàm 越南這 pêng,支持越南 ê 國家之一。會當公開提供現代武器 hō͘ 越南,甚至已經準備好 tī 某種程度頂對中國施加軍事壓力。提出這个決定,印度會 khiā tiàm 非常獨立 ê 位置,bē hō͘ 家己 mā 踏入去這場戰爭。

Siâng 時,因為日本 ê 和平憲法 koh 有美國方面 ê 束縛,日本真歹做出親像印度 án-ne ê 決定。以現階段國家 ê 實力來看,日本 mā 無可能是 kap 中國平 khiā 起 ê 對手。Tng 日本 tī 一个已經 kap 伊當初投降盟軍 ê 時完全無全世界 ê 面頭前,重新看待歷史 koh 有家己無符合時勢 ê 束縛,咱值得期待未來發生 tī 日本人心內 ê 改變。世界 ê 棋盤,尤其是亞洲區域 bē 當 khiàm 像日本這款「棋手」。但是 ùi chit-má 開始,nā 日本 ê 實力 kap 正義感,koh 加上 in 上現代 ê 軍艦,beh hō͘ 日本充滿自信,輕輕鬆鬆 sái 過東南亞海,強烈宣布 in 準備好 beh 保護台灣,是無可能一暝一日真 kín 來實現。

像印度一樣,日本 tī 東南亞海頂有行船方面重要存亡 ê 利益,koh 有 tī 中國問題頂 kap 越南共有分享歷史價值 kap 戰略利益。上好 ê 限制是 mài hō͘ 中國獨占東南亞海去。In 會想盡辦法 kap 越南(koh 有其他有共同利益 ê 國家)實現這一點,m̄-koh 日本軍事支配 ê 角色是有界限 ê。Kap 澳洲、歐洲全款,日本 kan-ta 是一个重要 ê 聲音,kan-ta 會使

私底下 kā 咱 tàu-saⁿ-kāng，kan-ta 會使扮演阻擋 ê 角色，會使進一步 ūi 越南製造美國 ê 支持。

Óa 靠美國

咱必需 ài kā 美國肯定 ê 是，nā 無美國，中國 m̄-nā 是已經 kā 東南亞海食掉 niā，hoān-sè 早 tiȯh 已經統治世界。 Che m̄-nā 是 chhùi 講講 ê niā。大漢 ê 擴張主義，用 koh-khah 簡單了解 ê 講法，chiū 是無任何地理界線會當滿足中國 ê siáu 貪。Nā 全世界無 beh 去禁止，tī 中國佔領到月球進前 ê 前一个目標 chiū 是美國。Chit-má ê 中國，雖然 tȧuh-tȧuh-á teh 覺醒 kap 改變，但是畢竟是一个非常沉重 ê 實體，無法度 kap 美國開始一場突破性 ê 比賽。美國無需要做任何 ê 事情，中國 mā 會警誡。但是世界變來變去，未來有真 chē 變數。無人會當預想會到，kan-ta 十冬內，蘇聯（後來是露西亞）kap 中國之間大國角色 ê 轉變交替會 chiah-nī 簡單。甚至比執行已經簽署 ê 條約 koh-khah 簡單。Tiȯh 是因為這種變化，hō͘ 今仔日 ê 世界對小國來講，比冷戰時期 koh-khah 危險。上危險 ê 是無法度知影中國這隻獅仔，koh 會 iau gōa 久，有啥人敢犧牲家己 ê 利益來 kā 阻擋。Tī 過去百外冬內底，偉大 ê 哲學家、政治家已經提出 chiaⁿ 千條寶貴 ê 建議，ūi-tiȯh beh kap 中國共存，世界應該會使 án-chóaⁿ 做。但是 kan-ta 有美國關心 kap 理解這寡建議。 美國 ūi-tiȯh beh kā 中國納入世界 ê 規則做出真大 ê 拍拚，要求 in 承擔一部分大國 ê 責任，已經幫助世界 tī 中國實現經濟資本化，對十外億人放寬政治 ê 束縛，hō͘ in 享受相對 ê 和平 kap 繁華 ê 發展。

但是美國 tng-teh ūi 家己 ê 行為付出代價。中國 tiāⁿ 用簡單 koh 好聽 ê 話欺騙全世界。Chit-má in koh 翻頭起痟支持 in ê 世界。透過 tī 紙

頂畫出九段線 ê 領海分界線要求大部分東南亞海 ê 主權，強迫所有 ê 人 lóng ài 尊重、無人會當有爭議，是一个確定中國權力有高度象徵性 ê 行動，m̄-nā 是 ūi-tio̍h 針對越南 kap 一寡東南亞國家 ê 直接利益而且 koh 公開挑戰美國 kap 其他大國，親像印度、日本、澳洲，甚至包括露西亞。Che 是真有現代中國精神 ê 警告：Kā in ê hiau-pai ê 自信輸出全世界。Sòa 落來，nā 照中國 ê 邏輯，kui-ê 非洲 lóng 是 in teh 管理，kui-ê 亞洲 lóng 是 in ê 屬地。另外一 pêng，美國 chiū 是上尾 ê 敵人......。

對中國來講，一切 lóng 有可能。

目前來看，這个假設 nā beh 成立 kan-ta 需要一个條件：Chiū 是美國繼續 kek tiām-tiām，無 beh 問世事，m̄-chhap 代誌。

Ka-chài，美國已經醒過來 ah，趁家己 iáu 是第一強國 ê 時陣。決定轉來亞洲，Barack Obama hoān-sè 是二十年來美國上 khiáu ê 總統。因為中國早慢會變做全球 ê 威脅，代先 tī lah-sap ê 政治產品 kap 文化輸出 ê 方面，koh 來是有毒 ê 俗 mih，上尾是軍事實力。中國人 tī 非洲、南亞等等 ê 生淡 tio̍h 是上明顯 ê 證明。當然，對美國本身來講 mā 是一種威脅。

M̄-koh tī 民族利益方面來看，咱對美國轉來亞洲 ê 代誌會使有 siáⁿ-mih 款 ê 期待？咱會當直接講：「M̄ 是 kan-ta 越南 niâ，koh 有全世界，m̄ 管 án-chóaⁿ 討厭美國，nā 想 beh tī 這个世界 iáu koh 有公理 ê 存在，án-ne tio̍h bē 使無美國。」Tio̍h 算 che 是不公平 ê 事實 kap 淺見。但是 nā 是有 tó 一个越南人認為美國是絕對妥當 ê 後跤，kā 一切 lóng 交付 hō͘ in，án-ne 會使講是 koh-khah 淺見。因為 tio̍h 算越南共產黨者已經 ùi 意識形態 ê 束縛 hông tháu 放出來，越南變做一个 kap 文明國家有相仝價

值體系 ê 民主國家，變做是美國 ê 盟友，hông 納入、hō͘ 美國保護 ê 想法。真 chē 人講過，án-ne 是真 gâu 看勢，表達對國家命運 ê 關懷，但是 che kan-ta 會使看做是一个願望，這條路 bē 行 tit，甚至長久以來 lóng 是一个無正當 ê 想法。

有真 chē 人 kā 日本當作是越南變做是美國盟友 ê 一个例。In kán-ná chhōe tióh 真 chē 相仝 ê 點。但是，in lóng 無講 tióh 越南 kap 日本 ê 地理位置、體制、發展道路選擇上 ê 無仝，日本 kap 美國 koh 有越南 kap 美國之間邦交歷史 ê 差異。Nā án-ne 像日本變做美國盟友 ê 世界歷史環境 kám 會 koh tī 越南出現？半个世紀進前 ê 世界是軍事、政治附屬連結超過經濟連結 ê 世界，因為意識形態 ê 對抗畫出一條真清楚 ê 界線，二 pêng ê 勢力相 giú。需要意識形態相仝 ê 國家之間團結做伙、相挺。日本 kap 後來包括韓國、台灣等對美國來講，是意識形態戰爭 nā 發生，會當 chiaⁿ 做亞洲軍事基地 ê 第一線，後壁 ê 中繼站比貿易關係 ê 朋友 koh-khah 有價值。現此時冷戰結束了，東歐 kap 蘇聯瓦解，由美國 chhōa 頭形成包圍圈 ê 需求 koh chiah 有急迫性。美-日、美-韓、美-台灣等之間 ê 關係變做是冷戰上尾 ê 遺產，但是實際上，chia ê 關係 mā 因為 tòe 時代，隨人 teh 進行雙 pêng ê 連結 táuh-táuh-á teh 鬆動、改變。咱 bat 親目睭看美-日、美-韓之間 ê 條約因為經濟利益 ê 問題真 chē pái 受 tióh 影響，hông sak 做第二層次 ê 問題。Nā 台灣，這塊島嶼 ê 命運 bat hō͘ 美國 kap 中國 khǹg tiàm 棋盤頂（tng 美國 1974 年 tī 西沙全島問題頂，犧牲越南共和國，koh 犧牲將近兩百萬柬埔寨人民 ê 性命了，mā 是 lóng ūi-tióh kap 中國 ê 利益）。這个事實顯示兩个問題：第一，兩个國家之間 ê 全面同盟關係已經無存在。第二，連美國本身 mā m̄ 是穩當 ê 靠山。（Hoān-sè chit-má 美國 mā tng-teh 想辦法彌補這个道德性 ê 錯誤？）

　　咱暫時先關心頭一个問題，是決定一寡連繫 ê 客觀問題。現此時 ê 世界已經行入安全做利益上互相 óa 靠 ê 時期。網路 kap 恐怖主義決定這點。網路 hō˙世界變細，無 koh 分地理、國籍、語言、文化等 ê 界線。恐怖主義變做是全球 ê 敵人，造成跨國之間烏暗 koh 驚惶 ê 心理。咱會使講世界 m̄-bat 親像 chit-má chiah sù-sī 過。另外一方面，世界 mā m̄-bat 親像 chit-má chiah chē 分裂過。Tī 網路提倡創造出一種互相信任、利益上互相 óa 靠全球公民 ê 同時，人 m̄-bat 像 chit-má án-ne 互相排斥、充滿猜疑、自私 ê 算計過。恐怖主義 tī 真 chē 問題頂頭剝削世界強國、大國 ê 地位。Nā 想 beh 解決恐怖主義造成 ê 驚惶，無一个國家有信心 m̄ 免 óa 靠其他國家。原本 kan-ta 是一个國家、互相 óa 靠，chit-má 每一个國家 lóng 是非常複雜關係 ê 集合。所以 chiū 無法度跤踏真在，需要 koh-khah 有 chhun-kiu、利用戰術來適應萬變。親像東方 ê 理論講 ê án-ne：「敵人 mā 是有做朋友 ê 條件，反倒頭講，朋友 mā 是全款！」所 pái，兩國結盟 tú tio̍h 無法度 hān 過 ê 坎，chia ê 坎 chiū 是因為 in 家己 ê 利益算計所造成 ê。Nā 是 thián 開來看，美國 ê 算計會比越南大真 chē。假使越南 kap 美國 iáu 是軍事盟友來講，雙方面 lóng beh 得 tio̍h 重要 ê 利益，án-ne siōng 歹克服 ê 問題 tio̍h 是信任。

　　先 mài 去想美國做越南全面盟友 ê 美夢，考慮 koh-khah 現實 thang 行 ê 路。咱需要把握 ê 機會是越南對美國來講，已經 m̄ 比 khah 早 chiah 重要。In 真清楚知影咱是誰，咱會使做 siáⁿ-mih 來幫助 in 達成目標。這个目標 chiū 是阻擋中國 ê 海軍力量淡 siuⁿ kín 來 kā kui-ê 東南亞海食掉，phah 破這條紅色權力 ê 界線。Che mā tú 好是咱 ê 目標，kap 咱 teh 保護海洋 kap 島嶼主權方面 ê 利益一致。這項利益 chiū 是越美兩國 tī 戰略目標 kap 長久利益方面上，會當建立密切、相互依存 ê 關係上堅定、值得信任 ê 基礎。

Beh 建立這層關係 ê 時機愈來愈好，越南 nā beh 建立民族長遠 ê 利益一定 ài 真積極清理、勇敢 kā 歷史留落 ê pùn-sò tàn thó-kàk，來行 ǹg 美國，m̄ 是倒頭來先要求對方。

Óa 靠自己

Nā 是 kap 中國發生衝突，越南會單獨作戰，che 是料想會到 ê 代誌。因為 tī 維護主權 ê 問題頂頭，越南 kan-ta 有一个堅實牢固、唯一值得信任 ê óa 靠 chiū 是全民族 ê 力量。Tī 這个方向頂 koân，咱看會 tiòh 越南現此時有下底六个重要 ê 優勢 kap 六个基本 ê 弱勢：

Tī 東南亞海 ê 衝突問題頂，越南 ê 絕對優勢 kap 實力 chiū 是地理位置 kap 民族心理：越南有真長 ê 海岸線 kap tī 9000 萬人口內底無一个人驚中國，無一个人有可能接受中國權力 ê 主張。Ùi 中國到馬六甲海峽三千公里重要航海路線，lóng 可能屬 tī 越南軍事力量 ê 掌握內底。Siâng 時，中國 ê 運輸量真大，一定 ài 經過這个區域。中國 kan-ta tī 兩種情況下 chiah 有可能安全：第一是佔領東南亞海，用全面 ê 軍事力量控制，koh 得 tiòh 國際承認；第二 chiū 是接受東南亞海是國際海域現狀 ê 事實，承認其他國家 ê 主權。第一種情況是中國希望但是 m̄-bat 實現過 ê。所 pái，tī 實際上 kan-ta 越南 chiah 會當確保中國行船 ê 安全。

第二个優勢是越南 khiā tiàm 守勢這面，看起來被動，但是會當 tī 發生戰爭 ê 時支配戰局，轉換做完全 ê 主動，避免損失，維持長期 ê 戰爭，消耗中國海軍 kap 空軍 ê 力量。中國上驚 ê chiū 是無法度馬上、真 kín 解決戰爭，ài phah 長期 ê 戰爭。Phah 長期 ê 戰爭 tú 好是越南上厲害 ê 所在：以少 phah chē，長期抗戰，無允准敵人用對 in 有利 ê 方式來結束戰爭。

第三个優勢是其他 ê 強國 kap 歐盟大部分 lóng 公開 iā 是私底下 khiā tiàm 越南這 pêng，因為 in 無法度接受中國控制東南亞海。

第四个優勢 tú 好 mā 是越南 ê 弱勢：對抗中 ê 小國，是 hông 欺負 ê，tī 法理 kap 情感上 lóng 屬於正義派 ê 國家，會得 tiỏh 各國人民 ê 支持。中國 bē 當輕視世界上千萬人上街頭反對 ê 遊行運動。

第五个優勢是越南有戰爭 ê 經驗，有知影 beh án-chóaⁿ 相戰 ê 軍隊，koh 有歷史上戰贏沙場 ê 實際案例 hō͘ 咱精神上 ê 鼓勵 kap 支持。

第六个優勢是社會結構 tī 戰爭 ê 時陣已經因為受過鍛煉，有承受戰爭 ê 能力。另外，越南比較 khah 細，所以 beh 適應、beh 改變 ê 應對能力 koh-khah koân、koh-khah kín。

下底是六个弱勢。

第一个弱勢是咱 ê 經濟潛力 siuⁿ 弱，累積 siuⁿ 少，導致國防 ê 力量，尤其是海軍 kap 空軍 tī 數量 kap 技術方面 lóng tī 敵人 ê kha-chhng-phóe 後壁 teh jiok。Siâng 時，咱 koh 繼續 teh 浪費國家一寡上重要 ê 資源，nā 戰爭發生會限制咱調動所有力量進行戰爭 ê 能力。[1]

第二个弱勢是人民資訊 hông 封鎖，對國家 ê 情況，領土、領海 ê 情況了解 siuⁿ 少，nā 是發生戰爭，會 khiā tiàm 被動、驚惶 ê 位置。

---

[1] 咱 tng teh 用一種無法度接受方式 ê 浪費，包括：1. 浪費國家 ê 財富 kap 資源（Kanta Vinashine 集團所造成 ê 損害已經非常接近 4000 粒先進反艦飛彈 ê 價數，等於是 kap 露西亞買十二隻基洛級 ê 浸水艦，相當是幾十隻有隱身能力 ê 印度現代驅逐艦。任何只要有頂 koân 所講 tiỏh ê 幾項武器其中之一 ê 海洋國家 lóng 會 hông 認定是有海軍力量厲害 ê 國家）；2. 浪費人才；3. 浪費時間 kap 機會；4. 浪費想法；5. 浪費靈感；6. 浪費愛國心；7. 浪費誠意 koh 有各種道德價值觀。這寡浪費造成民族內部力量長期 ê 退化。

第三个弱勢是民族矛盾 iáu koh 真嚴重，無法度 siâng 時發揮海外 kap 國內上大 ê 力量。

第四个弱勢是聚集力量 ê 核心，無 koh 有必要 ê 吸引力，限制咱國家 tī 危急 ê 情況下，領導 kap 動員所有社會階級能力。

第五个弱勢是因為 hō˙中國長期操控輿論，扭曲事實，越南 ê 聲音 tī 國際社會頂無法度 ê 引起 koh-khah chē ê 注意。

第六个弱勢是越南無軍事 ê 盟友。

咱提出 ê 這寡弱勢點 lóng 是有主觀原因 mā lóng 是國家內部 ê 實際情況。因為這个問題完全是看越南老百姓 ê 決心，beh án-chóaⁿ 來克服。咱 nā 有一種信念，chiū 無人會當 phah 敗咱一億人 ê 決心、有 koh-khah chē 自尊 koh 有超過別人判斷，有無限可能性 ê 民族，咱提出下底實際 ê 建議：

用一項法律來徹底實現民族和解，這條法律內底禁止所有 ê 越南公民之間 tī 無全時期 kap 體制，koh 有目前 tòa tī 世界無全國家所有 ê 歧視 koh 有差別對待 ê 行為，嚴格禁止報復、宣傳、煽動仇恨，惹起民族傷痛 ê 行為。Tảk 冬 ê 4 月 30 chiâⁿ 做和平日。[2]

Nā 會當做到這點，咱 tiȯh 有一種 m̄ 管是面對任何侵略者，lóng m̄ 免 koh 驚惶 ê 武器。

---

[2] 公元 1975 年 4 月 30，北越政權解放南越政權首都西貢，象徵越南統一、越戰結束。後來，這一日 hō˙越南政府訂做「解放南方統一日」（Giải phóng miền Nam, thống nhất đất nước）。

結論：

　　咱 beh án-chóaⁿ 會當做中國厝邊 koh thang 安穩生活，穩固江山是咱現此時 ài 思考 ê 問題，mā 是後代囝孫、未來無 thang 閃避責任，m̄-koh 咱 mā m̄ 免 siuⁿ 過趕緊、tiòh 急，因為無論佮意 iā 無，越南人 lóng 無法度選擇 tòa tī 咱北 pêng ê 厝邊。任何錯誤 lóng 無法度來修正，必須付出延續幾 nā 世代真貴 ê 代價。Che 是 kap 其他國家大事相比，上基本 ê 差別。中國問題一直越南 tī iáu-bē 完成 ê 問題。祖先 ūi 咱所留落來 ê 一切是一个清楚 ê 界線，一个相對和平 kap 一个寶貴 ê 經驗。咱 bē 當留 hō͘ 咱 ê 後代囝孫一个 koh-khah bái ê 未來。

　　Ūi-tiòh beh 來達成這件代誌，上重要 ê 任務是咱 ê 國家一定 ài 變強，強到 chiâⁿ 做全球價值鏈內底 ê 一个成員，而且愈 kín 愈好。Chhun ê 問題 kan-ta chhun 越南人 beh 用 siáⁿ-mih 方法行 ǹg 這個目標？Ùi 民族 ê 艱難、悲傷 ê 崛起 kap 一个世紀 ê 世界實際來看，已經有到 giàh ê 證據會當總結提出結論：無其他 ê 選擇比為 tiòh 動員 kap 發揮全民族 ê 各種力量來建設一个真正民主 ê 社會道路 koh-khah 好。Che hoān-sè 是越南人 tī 這个世紀上艱難、上艱苦、上 chē 躊躇 ê 道路。但是 nā 是想 tiòh 咱 beh tī 中國手頭 beh 活 iā 是 beh 死二項選一項，咱已經無 siuⁿ chē 時間 kap 本錢 thang koh 考慮 ā。

河內 2012-5~2012-12

附錄：記者訪談錄

附錄一：Lán kap 中國 Lóng 需要和平

作者 ê 話：中國 tī《人民日報》附屬 ê《環球時報》刊恐嚇 lán 越南人 ê 新聞了後，《越南網》（Vietnamnet）ê 記者 tō 來 kā 我採訪，真緊 tō 採訪 soah ah。Ḿ-koh，尾手 chit 份報紙 ê 主管建議換題材，討論 kap 儒教對越南文化 ê 影響有關係 chia--ê。我 kā 拒絕。落尾 tiỏh 舊底 kā 我訪問 ê 記者，i mā 無愛做 chit 篇 hông 改過 ê 文章 ê 作者。Tō 是 án-ne，tng Boxit 網站頭一 pái kā 文章刊出來 ê sî-chūn，我 ko͘-put-chiong chiah 講 hông 採訪 ê 我是一 ê 關心國家運命 ê 大學生，總是出 tī 複雜 khá-biāu ê 因端，ṁ-chiah ài 藏名。Chit-má 我 tō kā 代誌拆白講。

問：作家你好，聽講你 tiāⁿ-tiāⁿ so hiảh-thâu leh 思考，péng 來 péng 去睏 bē-khì，操煩講 beh án-chóaⁿ tiàm 愈來愈強 mā 愈來愈奸巧、pháiⁿ 積德、靠勢 i 強、想 beh chhòng-siáⁿ tō chhòng-siáⁿ ê 中國邊 á 生活 leh？你認為 ka-tī 有使命 ảh-sī 有 siáⁿ-mih 款 ê 動機 leh？

謝維英：有影我暝日 lóng leh 想 chit 款足艱難 ê 問題，thang 講是目前 siōng 艱難 ê。有一間出名 ê 公司，in ê 總經理阮陳跋（Nguyễn Trần Bạt）先生 mā kap 我 sio-kâng lóng leh 替 chit 項代誌 peh-pak。Lán bē-sái lóng kan-ta 出一支喉，án-ne「一暝全頭路，天光無半步」，ài 有精光、靈通 ê 策略，因為 lán ê 囝孫後代無法度搬去 toh 一 ê thang 閃離中國 ê 所在。Ḿ-koh 論真講，我 iáu chhōe 無 hoān-sè 有 thang kiâⁿ ê 出路，thang kā 當做 ē-sái 向國家獻計 ê 計劃。「國家興亡，匹夫有責」，koh-chài 講我是一 ê 作家。愛國心 ṁ-nā 我有，是 chhìn-chhái toh 一 ê 越南人 in 生存 ê 本能，thài tō ài 有動機 chiah 做 ka-tī 認為 ài 做 ê 代誌 leh？

問：幾若工前，全國 tng-teh 炒關係中國 tī 越南領海起事端 ê 消息，挑戰越南人 ê 愛國心。做一 ê 作家，你 án-chóaⁿ 看 chit chân 事件？

謝維英：Che 是 tiāⁿ-tiȯh ài ê 反應。頭起先 leh hō˙ 外邦威脅 hit-chūn，i 發一 ê hō˙越南人飽力團結 ê 訊號。無 toh 一款勢力會強 kah 有法度戰贏一 ê beh óa 有一億 ê 人民團結 chiâⁿ-chò 統一 ê 民族。Koh 來是，chit chân 事件向世界 tân chit ê 關係中國 tī 好戰內底起基 ê 警報聲。只要觀察中國領導者 ê 態度 mā thang 看講，in bē-sái kā chia-ê 反應當做無看 tiȯh。一 ê 中國 ê 隔壁國，hông 看做是友善有名 ê 越南百姓，to 猶原 tòng-bē-tiâu 中國 hit 款做老大、行雲頂 ê 態度 ah，án-ne 世界 koh khah ài 頂真查看中國 chhùi 講 ê kap 做 ê 有 siáⁿ-mih cheng-chha，chū-án-ne leh 警覺、防備。中國足驚 i ê 形象會 tī 全世界 ê 面頭前變 kah chiâⁿ 歹看、hông bē 信得（ùi in hiah-ê 橫逆、放肆 ê 所做），án-ne 對 i beh 恢復「中國夢」ê 戰略 chiâⁿ 不利。

問：中國直直 tī hia chhiàng-tù 起事端，che hō˙越南人 chiâⁿ 煩惱。Tȧk ê 論壇頂面，chiâⁿ chē 人期待政府有強硬 ê 步數來保護領土。眼前 ê 勢面就你 kā 看，lán ài án-chóaⁿ 做 khah 好？

謝維英：Lán 免替以早坎坎坷坷 ê 歷史 leh 吐大氣、怨嘆，lán bô-tiuⁿ-bô-tî tō tiàm ka-tī ê 厝內 teh théng-sēng cheng-piàng-chhȧt ah，到 kah i 無 leh 驚 siáⁿ tō 伸手偷提珍貴 ê 財寶。Tng 敵人 tng-teh 侵門踏戶，lán soah 坐 leh 互相 kí-kí tȯh-tȯh，che m̄ 是真心想 beh 顧守國家 ê 人該當做 ê。越南 kap 中國 in ê 關係 ê 歷史本底 tō 是悲慘 ê！Lán 應該接受去面對真相、面對現實。Chit ê 現實 tō 是，現時 lán ài 足辛苦 chiah 有法度 kap 一 ê 愈來愈強 koh 愈來愈暴力 ê 中國和平 khiā-khí。Chit ê 現實是中國全部 ê 目標 lóng chiâⁿ 明確、有夠貪心、久長、規劃 kah chiâⁿ 有規

模、頂真周至 koh 永遠 bē 放棄。Chit ê 現實是中國人已經占越南一部份 ê 領土 koh m̄-bat 按算講 beh tòng-tiām。對越南人來講，若準確定是 chit 款形，對全部會發生 ê 狀況 in 會 kā 備辦好勢。若是領導者，in 有了解 chit 款 ê 勢面，án-ne in tō ài 備辦心 kap i 對抗。Kap 中國和解是二 ê 國家 ê 活路，是明智 ê 選擇，甚至講無別條路 thang kiâⁿ ah。M̄-koh 若 beh kap in 和平 khiā-khí，有 tang-sî-á ài 證明 ka-tī m̄ 驚相戰。Tī 平等、尊重 ê 基礎頂面和睦。M̄-chiah 一 pêng ài 通過國家 ê 形象、利益 ê 束縛、天公伯賞賜 lán 地理位置 ê 重要性 chia--ê，lán ài chiâⁿ-chò 世界會關心 ê 對象。另外一 pêng，lán ài 有國防 ê 實力，有才調 ka-tī 保護 ka-tī。Lán ài 證明講 lán bē 去 lā hō͘ 有戰爭，m̄-koh siáng 若 beh 舞 hō͘ 相戰 tiāⁿ-tio̍h 會後悔。我認為總理 tī 芽莊（Nha Trang）宣布 ê 消息是一項必要 mā 有夠充足。

問：Siōng 倚近 ê 一場和平遊行 tī 6 月初 5，che 表現 chē-chē ê 越南人，特別是少年人對國家 chiâⁿ 主動 leh 關心 kap 有責任感。Siâng-sî，數百名 ê 警察、軍隊 ê 將領 hām 知識份子 mā 有 leh hoah 聲反對中國侵犯主權 ê kiâⁿ-chòe。你認為，chia 全部 ê 代誌 lóng 是 tio̍h--ê、有夠額、有 gâu ah hioh？你 kám koh 有其他 ê 想法？

謝維英：我 to 講 liáu ah。若 ài koh ke 講寡，我 tō 講。Tō 是 lán kan-ta ē-sái 用有愛國 ê 心，koh 有清醒 ê 理智 kap 政治 ê 智慧 chiah 有法度保護祖國。

問：中國擾亂漁民、kā 人質搥錢 chia ê 代誌發生 chiâⁿ 久 ah。東南亞海 ê 問題 mā chiâⁿ 緊張，m̄-koh 人民 soah 欠 chit 款 ê 消息。無 gōa 久 ê 時間，關係東南亞海情勢 ê 消息 khah 公開 ê sî-chūn，中國 mā 已經升級 leh 進行危險 ê 步數（引進大 bong ê 石油鑽井平台、放無實在 koh 致

使越南會有危險 ê 消訊息 chia--ê）。欠訊息 ê 原因 tī toh？是有 leh 寫 ê
人 ảh-sī 社會 ê 智識份子「睏過頭」ah，beh 叫醒人民愛國 ê 精神、主權
kap 民族冷淡、無 siáⁿ 感覺？Ảh-sī 其他 ê 原因？

謝維英：Tng 祖國臨危 ê sî-chūn mài 互相譴責！中國 leh 要求東南
亞海主權 ê hit 款壓霸、hiau-pai ê 所做，是 lán 無採取 siáⁿ-mih 款強 koh
有力 ê 行動來 kā 擋 chiah hō͘ i ē-sái án-ne。Lán 用有共同意識形態 ê 人，
in 好心善良 ê chit 款幻想 leh 欺騙 ka-tī siuⁿ 久 ah。中國頭尾 tō 是一 ê tāi
漢 ê 帝國！社會主義 kan-ta 是 in bē 改變 ê 目標內底一款有效、暫時 leh
用 ê 手段 niâ。Lán ài 看會真 chit ê 問題。Lán 該當老早 tō ài 向國際法庭
提起西沙群島 ê 問題 ah。Tng in 用十六字金字 kā lán 洗腦、kā lán siàn-
tōa-hīⁿ ê sî-chūn，in tō 暗中 leh 實現 che 十六字烏字「堅持監視、全面
破壞、四界吞食、賊 hoah 掠賊」ah。Mài kā 朋友情 kap 國家主權 lām-
lām chò-chit-hóe leh 講，特別是 chit 款朋友情 kan-ta 中國 in leh 假仙 hit-
chūn niā-niā。

問：就你 kā 看，若是中國用武力侵略東南亞海，lán 會靠 siáng？
海洋法公約世界有承認、DOC、意識形態 sio-kâng ê 二黨 in ê 交情 kám
有 siáⁿ 款 ê 角色 hō͘ 中國考慮？

謝維英：頭起先 lán 靠海外 kap 國內 9 千 gōa 萬 ê 越南人 in ê 愛國
心。Che 是 siōng 可靠 ê 靠山。Lán ài 信會過 ka-tī ê 軍隊，一隊經驗豐
富 ê 軍隊。另外，lán 是東協 ê 成員國，ē-sái 用有 beh óa 6 億民眾 ê 公
論 tī 外交頂面 hō͘ in 壓力。若是 kui-ê 東協堅心反對中國使用武力，án-
ne 準講美國 kap 中國有短時間、chiâⁿ 大 ê 利益，tō bē kā 當做假影無聽
tiȯh、放 leh m̄ chhap，若講發生戰爭，mā bē kek-gōa-gōa。Lán 有寡舊
底 ê 好朋友 kap 相關 ê 利益，chhiūⁿ 講露西亞（Russian）、印度、日本

chia--ê，lán ài ē-hiáu 用 chit 款關係。Hiah-ê 國家目前 in 有眼光 chiâⁿ 遠、見解高明 ê 領導者，só͘-pái，in ài 料想會 tiȯh 講有一工中國有夠力 thang kā lán 拆食落腹。

中國 kan-ta 知影一款法律，he tō 是 tāi 漢 ê 法律。Mài ǹg-bāng in 會遵守國際海洋法公約，mā 免 siàu-siūⁿ in 會 kā DOC[1] 尊存，ah-sī iáu teh 協商 ê COC[2]。Tng in 實行 tāi 漢法律 ê sî-chūn，tō 是土匪 ê 法律，in tō chhoân 便便 beh kā 包含聯合國 ê 憲章在內 ê 其他法律 lóng kā 變做是廢紙。總是 in iáu m̄ 敢 án-ne 做 ê sî-chūn，lán 猶原 ài khiáu-khiáu 有技術，靠 chia-ê 文件、協議 kā in chhāi tiàm 去 hông 孤立 ê 局面。

問：藝術文學是 hō͘ 人民 ê 訊息 siōng pì-sù、溫柔 ê 路。Tng 看講母國 hông 侵犯 kap 祖先 ê 血肉 hông thún-tah hit-chūn，有 gōa chē 好看 ê 作品 ah-sī 有 gōa chē ê 文藝工作者、智識份子 khiā 出來 kā 人民 ê 傷悲、意識 kap 感情點 hō͘ tȯh？

謝維英：有一項事實 tō 是，若有人想 beh 名正言順 án-ne 做是無可能 ê。我（hoān-sè koh 有真 chē 人）老早 tō 知影，tng 中國贊成 beh hō͘ 數百 phō ê 作品流通，數千篇 ê 報導公開 leh kā 越南攻擊 kap phah-pháiⁿ 名聲，hō͘ 中國人民 kā lán 誤會；sòa--lȯh 用真真假假 ê 方式 kā lán 威脅、警告 kòa 煽動 tāi 漢 ê 精神，替 beh 食越南 ê 主權 chit ê 目的 leh 服務 ê sî-chūn，越南 soah 禁止人民公開評論，甚至有一寡熱心 kā 中國陰謀 iah-iah 出來 ê 網站，去 chhōe in ê 麻煩。Tō 是 án-ne，越南人若 kan-

---

[1] 作者補充：DOC（Declaration on Conduct of the Parties in the South China Sea）《東南亞海各方行為宣言》是中國 kap 東協成員國有簽 m̄-koh 無 hō͘ 法理 kā 約束。

[2] COC（Code of Conduct）《南海行為準則》，中國 kap 東協成員國 iáu tng teh 談判 ê 過程。《東南亞海行為準則》ê 目標是 beh 按法律 ê 規定建置一 ê 結構，thang 管理東南亞海 tȧk pêng ê 所做。

ta 靠官方 ê 消息，chhiūⁿ chit-chām-á hiah-ê 事件，án-ne tō 完全被動 ah。等 kah 人民 lóng 有法度了解國內 kap 國外 ê 勢面，國家 ê 主權 chiah ē-tàng 有保障。

問：Chē-chē 人認為東南亞海 hiah-ê 演變是緊張、衝突。M̄-koh chhiūⁿ 講文化 ê 侵略，越南 ê 電視台一四界 lóng 是中國電影、中國產品 chē 過頭 chia--ê，chit 款問題 kāng-khoán 會 koh sio-sòa。對 chia-ê 代誌，越南 ê 文藝工作者、智識份子 tī toh leh？

謝維英：幾若千冬 ah，中國文化 ê 侵略 iáu 直直 leh sio-sòa。總是 lán 無 hông bôa-sái，án-ne 問題 tō chiâⁿ 明 ah。M̄-koh，m̄-koán 抵抗力有 gōa 強 mā bē-tàng siuⁿ siáⁿ。Koh-chài 講，mā 該當分會明 toh 一款是有企圖 ê 侵略；toh 一款是有全球化 ê 影響。設使是全球化 ê，án-ne 用禁止 chit 款 leh 對抗，che 無 siáⁿ-mih 意義。Lán beh 保存越南文化 tō ài 另外想步，bē-sái lóng beh 靠文藝工作者，tō 算 in hiông-hiông chiâⁿ 慷慨決定 beh kā 酒館放掉、放棄職權 ah-sī 月給頭銜 ê 競爭，liáu 足熱情踴躍加入時局。

問：Chit-chām-á ê 高潮是 chit 齣《到昇龍城之路》（Đường tới thành Thăng Long）ê 電影，i hông 看做是「講越南語 ê 中國電影」，tng-teh 風火頭 ê sî-chūn，i koh leh hiahⁿ 柴添火 tòh。做一 ê 作家，你試看 beh án-chóaⁿ 解釋 chit 點？Kám 是越南 ê 文藝工作者 in ê 民族意識 siuⁿ 弱？Ah-sī chhiūⁿ lán tiāⁿ 講 ê「是環境 ê 因端」chit 款 ê 講法 leh？

謝維英：Chit 齣電影我 iáu-bē 看過，無想 beh chhìn-chhái kā ioh。M̄-koh 我知影 tiàm 越南 phah 歷史電影 iáu 是一件真困難 ê 代誌。代先是歷史 kāng-khoán hông 用足粗俗、幼稚 kā 政治化，koh-chài 講 lán 電影 ê 製作人是慣勢看眼前無想去到未來。

問：網路頂面 leh 傳講中國作者 ê 報導文章 hông 當做是對越南嚴肅 ê 提醒，i ê 標題寫講「越南重讀歷史 lah！」你 kám 有讀過？你有 siáⁿ-mih 反應？

謝維英：我有讀過 ah。我當然 ài 讀。我認為 ài koh 讀歷史 ê 人是中國 m̄ 是 lán 越南。Ùi 越南是一 ê 獨立 ê 國家開始，中國出兵盤過邊界 lóng-chóng 有 8 pái （第八 pái 是 1979 年），chit 8 pái in lóng hông phah kah 做狗爬。In 北京城 m̄-bat hông 變做空城，因為敵人 iáu-bē 到，in ê 政府 tō 投降 ah。若是越南 ê 昇龍城 tō bat thōng 無有 5 pái hō͘ in kā 變做若 m̄-sī 空城，無，tō 是規四界 phòa-sàm，總是 lán ê 人民 m̄-bat 失敗過。Chē-chē 人煩惱講若是中國一直用武力來占領東南亞海，án-ne lán kám 守會 tiâu？我 m̄ 是軍事家 m̄-koh 我 mā 有寡程度 ê 理解，thang 講若是 in 用武力占領東南亞海，in 會食肥走瘦，甚至 siáⁿ-mih lóng 無。若 tī 和平 ê 情勢，lán 祖先 in lóng 會主動 kap 中國講和 mā 有讓寡。不而過 tī 戰爭 ê 情勢，幾若 pái 侵略者 hông kā 變做是臭人，kan-ta 望講 koh 有命 thang 逃 tńg-khì 中國。Chia 全部 tiāⁿ-tiòh 中國人 koh 會記得，thang 了解 chit 點：設使中國 beh 占領東南亞海，越南絕對會 hō͘ in 付出代價，無 toh 一隻有插中華人民共和國旗 á ê 船有法度平安駛過 chit tah ê 海域。In ê 國力 phēng lán 強幾若 10 倍，m̄-koh in 邪惡 ê 程度 kap 真緊崩盤 ê 程度 mā phēng lán koân 幾若百倍！Lán ài kā 中國人講，in beh 存在 kap 發展是 phēng 越南 koh khah 需要和平。

附錄二：中國其實 Tng-teh kā Lán 講 Lán Ài 做 Siáⁿ

阮廌（Nguyễn Trãi）：「順趁宣德（明宣宗 Minh Tuyên Tông）chit ê kâu-gín-á，直直派兵來越南。」

阮惠（Quang Trung-Nguyễn Huệ）：「Hia ê 吳狗賊³in 是 siáⁿ ah，lán thài tō 驚。」

作者 ê 話：Ùi 本文到附錄 ê 部份（ùi 個人 ê 網頁 kā 摘錄）lóng leh 寫中國海洋石油 981 鑽井平台 tī 越南專屬 ê 經濟區（越南按 1982 年聯合國海洋法公約有 ê）leh 違法探勘石油 ê khang-khòe。Chia 全部 lóng 頭一 pái 刊 tī Quechoa.com ê（一 ê 信用好 koh 網站流量真大 ê 個人訊息網站）網站頂面。Chiaⁿ bô-chhái，網站管理員、出名 ê 作家阮光立（Nguyễn Quang Lập），一 ê 強烈愛國 ê 人士 soah án-ne hông 強迫 kā 掠去關。

Tng 露西亞人 ùi 克里米亞半島起山 hit-chūn，我對 teh-beh 臨到 ka-tī 國家 ê 困難 chiaⁿ gông-giah。中國 tiāⁿ-tioh 會 kā 公論分散 hō͘ 開，用 án-ne 來實現 i beh kā tak ê 隔壁國 sut 後炮 ê 企圖。Tng 世間人 iáu koh bē-hù 想 tioh hit-chūn，凡事 tō lóng 生米煮 chiaⁿ 飯 ah。Án-ne che tō chiaⁿ 好理解講 sī-án-chóaⁿ 越南是中國 chit pái 採取行動 ê 選擇 ah。對菲律賓 ah-sī 日本來講，中國 siōng 驚美國來 chhap，事實 che 是無法度避免 ê

---
³ 譯者註：指清國。18 世紀 hit-chūn，清朝乾隆皇帝派 20 萬大軍攻打越南，soah hō͘ 越南勇敢 ê 阮惠帶兵 kā 抵抗，致使清軍戰敗。

代誌。中國 beh kap 越南起兵相戰，除去對美國有戒備掠外，中國真知影講 bē-sái 無 leh 注意露西亞。雖罔 kap 越南、露西亞無 siáⁿ-mih 款盟友 ê 約束，m̄-koh chit 二國有真 chē 經濟 kap 地緣戰略 chia ê 共同利益。總是，chit 二 ê 大國，美國 hām 露西亞，soah tng-teh hông 絞入去烏克蘭（Ukraine）危機 ê 捲螺內底。Tō 是美國 ài 對歐洲盟國實現 bē-tàng e-the ê 義務，m̄-chiah 無法度 kā 適當 ê 關心集中 tī hông 束縛 khah chió ê 地區，若 án-ne 露西亞 tng 需要中國來 kā 圍 leh 攻 hō͘ i 破。Hoān-sè 中國 mā 對 chit ê 難得 ê 機會驚一 tiô，m̄-chiah in sûi 採取 chhiūⁿ lán tī 前二禮拜看 tiȯh ê 行動。

　　不而過 mā ài sûi 講，海洋石油 981 鑽井平台幾若冬前 tō hông 起造 ah，唯一 ê 目的是 beh 探勘東南亞海 ê 深水地區。Chêng 習近平 kap 越南 chit ê kāng-iân--ê，i 慎重答應講會 khiā tī 兄弟交情 kap 致重大局 ê 精神頂面，指導 án-chóaⁿ 解決二國 sio-chèⁿ 進前，che 海洋石油 981 鑽井平台 tō hông leh 使用 mā 開始運作 chiâⁿ 久 ah。Tng 李克強總理親身到河內表達「同志」ê 感情 phēng ùi 領土 chenⁿ 來 ê 利益 khah koân hit-chūn，海洋石油 981 鑽井平台 tō hông chhāi tī 東南亞海 ah。Chit ê 大 bong koh khai 足 chē 錢 ê 石油鑽井平台 m̄ 是 beh 做來 sńg--ê！準講烏克蘭事件若無發生，án-ne hit 隻會徙振動 ê 假軍事基地 kāng-khoán 會 hông 設 tī 現今 chit ê 所在，hia 是東南亞海 ê 軍事死穴。Só͘-pái，設使 kan-ta liȧh 烏克蘭事件 chiâⁿ-chò 中國侵略越南海域 ê 因端，án-ne lán hoān-sè tī 觀察情形 kap 提出 tȧk 款對策 chia--ê 有犯真大 ê 錯誤。時到，中國 in 有投機 ê 所做 kap in chit 幾 10 冬 tȧuh-tȧuh-á 備辦 koh 計劃 tī 未來幾若百冬 beh ài ê 意圖，對 in chia ê 行動 lán 會足緊 kā lām-lām-chham-chham。Beh kā 中國做 seng-lí-kiáu chit 款 ê kā 廢除 bē kài 困難，包含 in

現此時 ê 軍事實力（中國對 chit 件代誌 chiâⁿ 了解，特別是現時越南 kap 世界之間 tī 戰略利益 ê 連環關係，koh 越南 mā 已經會赴有準確度足 koân ê 現代武器 ê sî-chūn ah）。總是 ài kā hông 講做是中國 chit tè 貪心、bô-chām-bô-chat ê 惡性毒瘤 ê 根頭 hō˙ 斷根，che chiah 是無簡單。Koh 世界會了解，chit 項任務 m̄-nā 是越南 ê 責任 niā-niā。

不而過，ùi 現時到人類 ài 付出代價 hit-chūn，chhiūⁿ 講 bat tī 第二次世界大戰付出 ê 代價（譬論講 leh 阻止希特勒 ê 過程，tảk 國自私 leh 窮算 ê 案例）kāng-khoán，koh 有真 chē 利益 ê 遊戲有夠 thang hō˙ 人類 ê bảk-chiu 起 ian- n̄g，無體力替未來 ê 遠景拍算。Tō chhun 看 siáⁿ 人 tiỏh-chhèng chiah ài 想辦法替生存 ê 權利去戰 ah。

Teh kap 中國對抗 ê sî-chūn，lán 算做是孤鳥 koh hiah-nī-á 弱勢。

無 beh hō˙ 內容 siuⁿ 過分散，我會 kā 致使越南到 chhiūⁿ chit-chām-á 獨獨一 ê 人對中國對抗 ê 地步 ê 因端 làng--kòe，因為 lán tiāⁿ 教育 ka-tī ê sī-sè「律人者，先律己」（過責別人進前 ka-tī 先反省）。（Sòa--lỏh-lâi，bô-tiāⁿ lán mā ài 感覺 kiàn-siàu koh 肯定艾奎諾（Aquino）總統敢公開、強烈 leh 譴責中國侵略越南海域 ê 行動。）現此時 ê 處境 tng-teh siōng 艱難、艱苦 ê sî-chūn，我 bē-sái ke 做任何會引起分裂 ê 代誌。

代先，到 chia soah ah。我 hō˙ 政府到 chia soah chit 款 chiâⁿ khiáu ê 所做 chiâⁿ koân ê 評價。Teh 面對外邦 ê 侵略面頭前，che kap 越南人 ê 傳統有對同。Lán tảk 方面 ài 營為 thang 來維持有幾日、甚至是幾個月界限 ê 對抗，到 kah 中國 chhōe 有某一 ê 光榮 ê nôa-thâu，kā 鑽油平台

ùi 領海[4]sóa--chhut-khì。Siōng 緊 ioh 有 ê nôa-thâu 是 in 會宣布探勘 ê khang-khòe 已經完成目標 ah。（In 講 ê 3 個月 ê 時間是 leh 萬一局勢無 chhiūⁿ in ǹg-bāng--ê ài 撤退 hit-chūn ê 備案；看起來 chit ê 情形 tng-teh 發生）。越南 chit-chūn toh 一款欠決心 ê 想法 lóng kap 承認中國對西沙群島 hām 東南亞海 ê 要求 sio-kâng。

Che ài hông 當做是一場正港 ê 戰爭，考驗所有 ê 越南人 chit 款 phah 死 bē 退 ê 本性。

Beh hō͘ 後代囝孫 ê 未來，lán kan-ta ē-sái 贏，無容允有失敗 ê 資格。設使 lán liàh 眼前 ê 任務 kap 國家 ê 存亡 chò-hóe 講，án-ne tō ài 堅心 beh 犧牲性命。我相信，雖罔 iáu 有真 chē 內部 ê 分裂，m̄-koh tī 政府 ê 背後是 kui-ê 人民有 jiàt-phut-phut beh 抵抗外來侵略 ê 精神。面對北 pêng ê 敵人 chit 款 ê 危險，越南人 bē-tàng 無先 kā 一切 ê 分裂暫時 khǹg 一 pêng，ài kā 團結 chiâⁿ-chò 一 káng 力量，tō chhiūⁿ lán 祖先 bat 做過 ê hit 款！

眼前，越南 tng tiȯh 真 chē ê 困境，總是若對中國 khah oh 行動，對越南來講無保證會 khah 有優勢。Só-pái，對我個人來講，中國斬截 ê 行動、趁對方無疑誤 hit-chūn 出手，chit 款形 mā 漏洩 i 是 chheⁿ-chhòh kap 火狂。Tō 是 án-ne，in 已經 hō͘ lán 知影講代誌過外線進前，lán 該當 án-chóaⁿ 做。

代先 mā 是 siōng 要緊 ê 代誌，i 致使越南 chia ê 頭人 leh 面對中國

---

[4] 海洋石油 981 事件發生 hit-chūn，自由亞洲電台（RFA）越南語節目 ê 記者莫霖（Mặc Lâm）bat 採訪國內一寡智識份子、文藝工作者關係中國 chit-pêng，i kā 時間講出來 liáu，hoān-sè 會發生 ê 情形。我認為中國 ê 鑽油平台會 ko͘-put-chiong ài 量早 sóa，chit ê 意見 hông 當做是 siuⁿ 過樂觀 ah。

ê 對策 hit-chūn，hông 逼 ài 有速速斬截 hō˚ ták-ke 有共識 ê 勢面。Ùi chit-má 起，無人有法度 hiah 死 bē-kiàn-siàu leh 引用「16 字金字」kâng 騙 soah bē-hiáu-soe。中國是 hit ê 金字 ê 作者，che 若無路用 ah，in ka-tī 會 kā tàn 落去糞埽桶。無 siáⁿ-mih 款 ê 理由 hō˚ toh 一 ê 越南人 koh kā he 臭 koⁿ-koⁿ ê 金字死體 khṅg tiàm ka-tī ê 桌頂。

Án-ne 一場無才調按算 ê 後患 tō 收煞 ah。考慮目前 ê 條件，中國 掠外，chit 點無人有法度替越南人做 kah 到。

中國 taⁿ-á bô-chām-bô-chat ê 所做，tō 幫助 lán 看有 ka-tī 危險 ê 弱 點。Chit ê 弱點是關係中國 ê 外交政策，越南 siuⁿ 過被動。Tng 中國公 開代先 kap 美國交陪 ê sî-chūn，越南 soah 驚中國起惡面 m̄ 敢行動。Tng 菲律賓 hō˚ 中國船擾亂，逼 in ài 去國際仲裁法庭 kā 中國告 hit-chūn，beh 避免 hō˚ ták-ke kā 攻擊，中國希望越南 tiām-tiām，放外外，thang 減 少公論大 ê 壓力。設使 lán 有夠勇氣主動 kā 利益 théh-khì kap 菲律賓 chih-chiap，hoān-sè 勢面會 bô-kâng。眼前 tú-tú 是中國 hō˚ lán ê 領導者 一 ê ē-sái 脫離 in ê o-áu siōng 好 ê 機會。現此時 tī 中國主動造成 ê 勢面 來講，lán 無 siáⁿ-mih 款 ê 理由無 beh 主動 hām 美國、日本、印度討論 lán 出海 ê 安全戰略 kap 軍事合作，主動 kap 東協內底有海域 ê 國家領 導 hām 支配全東協對中國 ê 外交政策。有一項 ê 事實是，設使 hām lán ka-tī，kap 中國 sio-oan siōng chē ê 國家 to lóng nńg-chiáⁿ，án-ne tō 無法 度要求別人一定 ài 堅強。

我相信，通過海洋石油 981 鑽井平台 ê 事件，越南軍事家會 tiòh 生 驚，有智覺講海防存亡 ê 重要性。Hit ê tōa-bong ê 鑽井平台完全 ē-sái tī 海洋做大規模侵略 ê sî-chūn，扮演後勤基地 ê 角色，soah 借用民用工 業設施單位 ê 名 thang 避免 hông 攻擊。若是 tī-leh 中國佈搭石油鑽井平

台 ê 地區發生戰爭，lán ài 有 ē-tàng 射 5 百公里，kā 西沙群島全部 lóng tī 保護 ê 範圍內 ê 反艦飛彈系統，án-ne chiah 有法度 phēng in khah 有贏面。

現此時 mā 是越南國會 khah 緊公布一 ê 人民和解 ê 法則 siōng 好 ê 時期。免等到海洋石油 981 鑽井平台 ê 事件 mā ē-sái 量早了解講世界干涉 ê 程度是 chiân 有限。Lán ài 接受 chit ê 事實，tō 是 kan-ta 越南人 chiah 會替 ka-tī 國家 ê 利益 leh 拚生死 niâ。Ùi 人口來講，lán 是一 ê 大國，有才調 kap 中國全部 ê 野心相抵。問題是 ài ē-hiáu 調派全部 ê 越南人現此時手頭有 ê 優勢。人民若無 beh 和解，tī 中國野心 ê 面頭前 tō 真 oh 去固守 ka-tī ê 領土 kap 領海。顧慮講過去 ê 半世紀，越南人 ê 動亂、分裂 ê 現實，ài 有一款關係和解、和合 ê 法則 chiah 有法度 thang 解決歷史 ê 悲傷苦痛所留落來 ê chē-chē 問題。我 bē-ià-siān、誠心誠意 koh 一 pái 重複 chit ê 無法度逃閃 ê 要求。

經過頂面講 ê hia 迫切 ê 問題，越南 ài 做 ê siōng 要緊 ê 代誌是進行全面、深 koh 闊、kiân 向接近文明價值 ê 政治改革。Tō 是中國實際 ê 內情 koh 一 pái kā lán 講 lán bē-sái tiuⁿ-tû。中國現此時 ê 政治體制早慢 mā 是世界 kap 中國民族本身 ê 災禍（kan-ta 是過去 50 冬，chit ê 體制為 tiòh 領土 ê 野心 tō 發動過 3 pái 區域規模 ê 戰爭，ka-tī 殺害數億 ê 中國人民，目前 tō tng 是世界料想 bē tiòh ê 危險 chia--ê，tō 是 lóng chit ê 事實 ê 證據 ah）。既然無法度隔山隔溪 mài kap in 做厝邊，lán 有法度做 ê tō 是 tī 政治方面離 in khah 遠 leh。若 tòe in，lán 會永遠 chiân-chò 無日光 ê 影 koh khiā tī lóng leh 奉待 in ê 地位。

中國做 siáⁿ-mih 代誌 lóng 真 gâu tiak 算盤。海洋石油 981 鑽井平台是一款 kap 中國輸贏占一半 ê 實驗，是替 in beh 獨占東南亞海 ê 野心有

決定性 ê pō·-sò·，m̄-koh che hoān-sè mā 會變臭莊。中國會用無 kāng-khoán 侵略 ê pō·-sò·去占越南、菲律賓 kap 其他國家 ê 一寡領海，了後 chiah khiā tī i 起造 ê 新局面頂面，ké-sian ké-tak「做表樣」催東協簽 hō· 中國刁工 chhiân 時間 ê《南海行為準則》ê 合約！中國 oân-nā 利用《南海行為準則》ê 合約，等 i 達成目的了後，koh kā《南海行為準則》ê 合約 lì--phòa thang 繼續使手路。Lán ài 清醒、mé-chhéⁿ chiah bē lòh in ê 陷阱。

附錄三：亦敵亦友 ê 同志

　　Kan-ta ùi 稱呼 ê 方式 kā 看，mā 看有一寡越南 kap 中國 in oân-nā 悲哀 oân-nā 好笑 ê 歷史關係，內底 siōng kài 明顯 ê 是同志 chit ê 名詞。

　　20 世紀 ê 60 年代，二國領導者 in ê 同志情感是 kāu kah siōng koân 點 ê sî-chūn。當時，準講 beh óa 一億 ê 中國人民死亡 ah-sī 早慢會因為文化大革命 chū-án-ne 死去，mā bē-tit-thang 阻擋素友（Tố Hữu）[5]替同志感情寫講：「Hit ê 中國 á toh 一款神奇 ê 手 / 已經 koh 重做面容樣相 / Ta-khó ê 田洋 kā 所有 ê 田岸抹平 / Chhin-chhiūⁿ 人面燦爛 pàng-lēng 所有 ê 皺痕」。

　　毛澤東親切 kah 越南 gín-á to 叫 i「阿伯」（Bác）。Che 是中國 ài 越南抵抗美國到 kah chhun siōng 尾一 ê 人民 ê 時期，só-pái 中國 lóng chhoân 好 beh 承擔 chhiūⁿ 毛澤東講 ê「是越南飽力 ê 後陣」！原來 ùi hit-chūn 起，有 tang-sî-á 互相是親密 ê 同志，有 tang-sî-á 是「有志一同」beh tháu-pàng 人類、廢除邊界、建立大同世界，m̄-koh siâng-sî「毛阿伯」已經 chiâⁿ tiám-tîn 按算 beh 侵占 hō͘ i 叫做「阿伯 ê 囝孫」ê 越南海島。1958 年用 hó͘ 人 ê 公文 tō 是一 ê 證據。[6]

　　1974 年，中國侵略當時是越南共和國（南越）政府管制 ê 西沙群島。Che 正是毛澤東發 ê 命令。Tō 是同志 ê 關係，北越政權 chiah hông

---

[5] 譯者註：素友（Tố Hữu）（1920-2002），本名是阮金成（Nguyễn Kim Thành）。越南詩人 kap 越南作家協會 ê 會員。Tióh 過胡志明文學獎。

[6] 譯者註：指范文同公文（Công hàm Phạm Văn Đồng），1958 年越南民主共和國總理范文同 hō͘ 中國周恩來 ê 電文表示「贊成」kap「尊重」中國 tī 1958 年 9 月初 4 發布 ê「中華人民共和國政府關係領海 ê 聲明」。中國用 che 電文做越南承認東南亞海屬 tī 中國 ê 證據。

逼講 ài kek tiām-tiām，ká-ná 是 kap ka-tī 無 tī-tāi，是二 ê 厝邊國 ê 代誌 [7]。北部 ê 民眾 m̄-bat 有任何 ê 消息，m̄-bat 有情緒，só-pái in 對領土 hông 占去 ê 代誌無 siáⁿ 感覺。Àh-sī 設使有寡少數人有了解，án-ne tō 感覺 he 是好運 ê 代誌，因為敵人（tō 是越南共和國，hō͘ 北越講做偽政權）失去一 ê ē-sái 攻入去社會主義 ê 後陣 ê 戰略位置！同志 chit ê 名詞 容允中國是朋友，若南部 ê 骨肉親兄弟 soah hông 看做是敵人！越南人 ê 歷史內底 kám 有 phēng chit 款 koh khah 悲哀 koh 好笑 ê 事件 leh？[8]

該當來 ê 代誌 tiāⁿ-tiòh 會來，bih tī 同志名詞後壁 ê 中國 hiah-ê 陰險 ê 代誌總算 mā iah-iah 出來 ah。雙方 5 萬 gōa 名「毛阿伯 ê 団孫」（美國 估計 ê 數字）tī 邊境六省一場雙方 lóng 血 sai-sai ê 戰鬥內底死去，chit 內底一 ê 半 ê 中國人 tō 換一 ê 安南人 ê 性命。1979 年，越南河內出版 越中關係 ê 白皮書，譴責、檢舉中國失約、使手路、利用越南 ê 困難 siàu-siūⁿ beh tàuh-tàuh-á kā 食起來。Só-pái 無 siáⁿ-mih 兄弟姊妹、後代 団孫 ah，指名「毛澤東反動派」是食漢人 ê 肉 liáu koh khè 越南人 ê 骨 ê 主謀。1980 年越南 ê 憲法內底甚至明確有講，中國是一 ê 直接、長 期、危險 ê 敵人。北京 ê 領導人當然是侵略者。有報紙 bat 公開講秦始 皇 ê 後代是「中南海犬」，鄧小平是「牛郎矮 á 人」。制蘭園（Chê Lan

---

[7] 我 bē 記得 tī toh 一 ê 資料內底有講，中國占 kui-ê 西沙群島了後，河內（Hà Nôi） khà 電話感謝中華人民共和國已經「協助解放」北部一部份 ê 領土，hō͘ in ùi 敵人 ê 手頭逃脫？中國 tiām-tiām 無出聲。我無機會 thang 檢驗證明 chit 份資料 ê 準確 性。M̄-koh 設使真正有 chit 款 ê 代誌，án-ne tō ē-sái kā 當做是間接 ê 證據來確定 越南 chit-pêng 對 chit ê 群島 ê 主權。總是 iáu-bē 看講有任何官方 ê 消息來確認 chit 件代誌。

[8] 中國大陸 kap 台灣 ê 關係 tī 仇恨程度 kap 意識形態頂面，kap 越南南北 ê 國家分 裂 hit-chūn 有 sêng。不而過 tng 毛澤東命令中國軍隊去占領西沙群島 ê sî-chūn， 台灣政府 tī 蔣介石 ê 時代，直直想講有一工會 tńg 去中國，chit 款想法 chiâⁿ 緊 tō hō͘ in tah-bā thang 製造機會 hō͘ 中國海軍順利倚近相戰 hit 位。想 tiòh che tō 感覺越 南人 ê 悲哀！

Viên）[9]出名 ê 通俗詩句「毛伯 tī 無 gōa 遠 hia / Lán 胡伯 tō 是毛伯」ê 作者，hit-chūn tō 有寫 kui 首「矮 á 人吟詩」ê 詩，用創作來 khau-sé 鄧小平 chit kho͘ 牛郎猴人。詩 chiâⁿ 長，自由 ê 文體，內底有一句，量其約 ê 意思是講：「矮 á 人穿牛 á 褲 / 矮 á 人 kah-ì chio͘-kó͘-lè-tò͘」chia--ê（hoān-sè 是 beh 好禮，詩人 m̄ 甘講矮 á 人 kah-ì 美國屎 niā-niā）。Chit 首詩，若我無記 m̄-tio̍h，是 80 年代初 tiàm《岩石頂 ê 花》（Hoa trên đá）ê 詩集發表 ê。M̄-nā 是文藝工作者，包含本底對政治氣氛敏感 ê 制蘭園詩人，hām 當時專業政治家 chē-chē ê 言論內底，mā 全無顧慮 leh 叫 hiah-ê bat 親北京 ê 同志是國際反動派、tāi 漢幫、資本家 ê 哨兵 chia--ê。

1985 年，hit-chūn 我 tng-teh 老街省（Lào Cai）做兵，chit ê 省 hō͘ 越南 kap 中國軍隊相戰 kā 破壞 kah 無一 tah 是完全 ê。Koh 看講 ta̍k 工 chái-khí 雙方隔紅河用喇叭 kā 對方 siòng hō͘ 準，一 pêng 嚷罵毛鄧反動集團，硬 kā 安所有 ê 罪名；另外一 pêng 用雙倍功率 ê 喇叭 kā 壓過，假怪聲對「黎筍（Lê Duẩn）oang-koah」硬 kā 安真 chē 莫名 ê 罪名。政治指揮官 ài lán 徹底實現—ài 叫中國是北京 hùn-tōa ê oang-koah。Hit-chūn ta̍k ê 軍人 lóng ài 足熟 ê 10 條歌內底，有范宣（Phạm Tuyên）[10]音樂家《邊界 ê 天頂銃聲已經 tân》（Tiếng súng đã vang trên bầu trời biên giới）chit 條歌，內底有一句「膨風拗蠻 ê 侵略賊」。Ta̍k 工，ta̍k-pái leh 聯歡、聚會進前，ta̍k-ke lóng 同齊大聲 hoah「膨風拗蠻 ê 侵略賊」。

---

9 譯者註：制蘭園（Chế Lan Viên）（1920-1989），本名是潘玉歡（Phan Ngọc Hoan），越南詩人 kap 越南作家協會 ê 會員，tio̍h 過國家藝術文學獎，是 beh 拍開越南現代詩歌有貢獻 ê 人內底 ê 一 ê。

10 譯者註：范宣（Phạm Tuyên）是越南出名 ê 音樂家，i 一生奉獻 hō͘ 音樂，創作 chē-chē kap 國家歷史有關係 ê 音樂 hām gín-á 歌，hông 號做「用音樂記載歷史 ê 人」ah-sī「人民 ê 音樂家」。

Hip QR code 聽紅歌

Tng kap 中國 kat-chò-hóe hit-chūn,「同志」chit ê 詞 ùi 越南全部 ê 文件,文化、政治 kap 社會生活 chia--ê ê 語言內底無--去。Siáng 敢用 chit--ê kap 中國相稱呼,án-ne siáng tō 是 put-tap-put-chhit、欠政治思考 ê 人,有賣國 ê 野心者(kun-tòe 陳益稷 (Trần Ích Tắc)、黎昭統 (Lê Chiêu Thống)ê 跤步)。除去陳益稷、黎昭統是正式 hông 宣判賣國賊 ê 歷史人物掉外,到 taⁿ tī in ê 名冊頂面已經 koh ke 列黃文歡(Hoàng Văn Hoan)[11]chit ê 名。無人會 kap 永遠 ê 死對頭「有志一同」!

Chit ê 情形一直 sòa 到 1990 年了後,歷史 chiah 總算掀開 hō˙ lán 知影有成都 ê 面會。越南 ê 領導者,chia--ê 明顯是 tī hit ê 會議內底 khah 輸勢 ê 人,hoān-sè 會 tī 歷史頂頭 hông 笑講 in 低路、giàn-thâu、無 mé-chhéⁿ,總是我相信講 in 若有罪 mā 是 in ê「天真」chiah 引起。In 天真 kah 相信中國講 ê 話。相信 tī 蘇聯悽慘崩盤了後,社會主義會 chhiūⁿ 冰角 hō˙ 日頭曝 kah iûⁿ--khì án-ne,kan-ta thang 靠中國 kā 保護。雖罔中國是會用 àu-pō˙、陰險、惡毒 ê 厝邊,m̄-koh i khioh-sī 馬克思理論 thang

---

[11] 譯者註:黃文歡(Hoàng Văn Hoan)(1905-1991),本名是黃玉恩(Hoàng Ngọc Ân),越南共產黨政治部 ê 委員,國會副主席。1979 年 i 逃去中國,間接支持中國進攻越南。黃文歡尾後 tī 1980 年 hō˙ 越南政府用「叛國」ê 罪判死刑(落尾 i 逃去中國 ah,soah 無法度執行)。

安全固守、釘地生根 ê 所在。Tō 是 chhiūⁿ 共產黨出名 ê 理論家阮德平（Nguyễn Đức Bình）i 認同講，「設使當今 ê 時代全世界 bē koh 是 ùi 資本主義過渡到社會主義 ah，án-ne lán 越南國家，越南共產黨以後會 kiâⁿ siáⁿ-mih 款路？」（是「會死」chit ê 語詞 i 一款 chiâⁿ 無實在、lāng-chhùi-hoe ê 表達）。意思是人民 ê 運命已經 hông 釘 tī 十字架頂 ah，tiāⁿ-tioh ài kiâⁿ 過唯一一條號做「過渡到社會主義」，另外一頭是閻羅王 ê pōng-khang！無第二條路！He 是 gōa-nī-á 危急 neh！用 chit 款 leh 恐嚇，siáⁿ 人 bē 驚，特別是 hiah-ê 慣勢 sio-phah khah 贏讀冊 ê 人！

Tō 是 án-ne，看是 beh 過渡到社會主義 ài kap 中國 koh 恢復同志 ê 關係 ah-sī 死！Ta̍k-ke 去 kéng lah。優秀理論家 ê 警告真清楚。其他 chhiūⁿ 日本、韓國、新加坡 chia ê 國家有一千條到未來 ê 路，chhap-chhap--in，siáng mā bē-sái 偷看。若 beh 怪 tō kan-ta ē-sái 怪講：Siáⁿ 人叫你出世做越南人？

阮德平先生 kap 其他 chhiūⁿ i chit 款想法 ê 人 soah bē 記得（ah-sī 刁工 m̄ 知）一項代誌：In hiah-ê 中國同志 m̄-bat kā 社會主義看做是一項要緊 ê mih-kiāⁿ。關係越南同志 in 虔誠崇拜 ê 馬克思主義 ê 理論，lán 來讀看毛澤東 kui-ê lóng teh khau-sé ê 教示 lah：「Goán 會去研究卡爾·馬克思 ê 理論 m̄ 是 i ê 看法 gâu，mā m̄ 是 i 有 siáⁿ-mih 會趕鬼 hit 款 chhiūⁿ 神 ê 妙法。I 無 gâu，i mā 無神奇巧妙。I kan-ta 是利益（作者強調）。有 chiâⁿ chē 人認為 i 是治療所有病症 ê 仙丹妙藥，tō 是 chit kóa 人已經 kā 馬克思 ê 理論當做是一 ê 教義 ah。Ài 講 hō͘ in 了解 ê 是，in ka-tī leh 崇拜 ê 教義利益 khah 輸肥料有利益。肥料 koh ē-sái hō͘ 塗肉會肥，教義無才調做 kah án-ne lah。」

成都會議（Hội nghị Thành Đô）kap 一寡 iáu teh 祕密、lán m̄ 知 ê 協商繼續有寡風聲 hông 去掠譜，已經 kā 同志 chit ê 語詞 koh chah tńg-lâi hō͘ chit 二國，替越南造成一 ê bē-sái 講無要緊 ê 相對和平 ê 階段[12]。不而過基本 tek，i hō͘ 越南人 ê 運命 tiām-tiām-á 改變，chit 款改變主要是 kiâⁿ ùi 消極 hit-pêng 去。因為是「同志」，m̄-chiah 越南大細項代誌 lóng ài tòe 中國。越南河內 ê ta̍k-ê 頭人甘願做 in ê「sai-á」，全部 ài 靠 in。（Chhiūⁿ 阮仲永[13]先生近來有漏洩出來講，中國對越南 hām 其他 ê 國家 siōng 關心 kap 干涉 ê 內政是 in ê 國家 beh 選國家領導人 ê 議題）。中國暗中積極 leh 全面備辦 beh 占領東南亞海 soah 用同志 ê 交情 kā 越南欺騙、隱瞞。Tō 是同志 ê 交情越南 m̄ 敢公開漏洩講中國欺負越南 ê 漁民，tiām-tiām 用其他 ê 講法 leh 講。明明是中國船 soah ài 講做「生份船」。真 chē 冬 ah，tō 算知影 che 對國家有久長 ê 利益，越南 mā 一直 m̄ 敢 kéng 好朋友 leh 往來（chhìn-chhái toh 一國 mā phēng 中國對越南 khah 好），簡單講 tō 是 hiah-ê 朋友 kap 中國 m̄ 是 kāng-koah--ê，kap in 往來 tō 會 hō͘ 中國 bē-sóng。若國內有 siáⁿ 人講 tio̍h 中國 ê 野心，mā hông 看做是 leh 影響大局，擾亂安定！Chē-chē 人 kan-ta 是 beh 愛國 niâ，soah hō͘ ka-tī 惹大 ê 災禍？中國徹底利用「同志」chit 頂猴齊天 ê 金箍 leh 控制越南，包含對內 kap 對外。「同志」chit ê 詞，以往 m̄-bat

---

[12] Lán teh 批判成都會議（Hội nghị Thành Đô）ê sî-chūn，ài khah 公平 kóa。Hit-chūn 國家 ê 情形，是 sio-liân-sòa 錯誤 ê 政策，kā 已經 khiā tī chhiūⁿ kā 雞卵 khǹg tiàm 拐仔頂面 ê hit 款程度 ah，ài 有和平 ê 局勢 thang 去 chhōe 出路。Ài kā 責備 ê 是 tī i 尾後全部發生 ê 代誌，sio-liân-sòa 幾若 10 冬，beh kap 文明世界結連 chit ê siōng tú-hó ê 機會已經慢一踏步 ah，特別是 kap 美國正常化 ê 關係，對國家現代化有幫助，創造包含軍事、外交 ê 實力，thang kap 中國建立平等 ê 關係。

[13] 譯者註：阮仲永（Nguyễn Trọng Vĩnh）是越南人民軍 ê 少將，前駐中華人民共和國 ê 大使（1974 年-1987 年期間）。

chhiūⁿ 近來 chit 20 冬 hō͘ 中國 chiah chē ê 利益[14]。

當然損失 siōng chē ê 人是越南。

寫到 chia，我 hiông-hiông 想 beh tòng-tiām 去 chhōe「同志」chit ê 詞 ê 源頭。I 是 toh 一款符仔 kā 越南監禁 tī 中國 ê 束縛內底 koh 束 kah chiah-nī-á 悲哀 koh 好笑，chiah-nī-á 簡單 khiok-sī 刻薄，hō͘ 越南人民 ê 運命 kāng-khoán 悽慘 chiah 久[15]、péng 來 péng 去，koh chit ê「同志」（koh khah 遠 ê 是社會主義）beh 拗蠻到底時？

差不多所有主要 ê 語言 lóng 有「同志」chit ê 詞，koh 頭起先 i 的確無政治 ê 色彩。Leh 出現遵趁共產主義進前，i tī 中國 tō hông 用幾若千冬 ah。幫會、有組織 ê 烏社會幫會、tī 法律外活動 ê 政治幫會 chhiūⁿ 東方 ê 三合會、美國因為族群歧視專門刣人 chiâⁿ 粗殘 ê 三 K 黨 ê 組織，chia ê 幫會、組織 ê 成員 lóng 互相看做是同志。希特勒 ê 納粹黨，結合完美極端 ê 民族主義 kap 社會主義 mā 互相稱呼同志。同志交情 siōng 深 ê hoān-sè 是算 liảh 波布做頭 ê 柬埔寨共產黨。Tàu-tīn 去搶劫 ê mā 是同志。簡單講 tō 是 in 是有志一同，單純是一 ê 語言 ê 概念。I m̄-bat chhiūⁿ chē-chē 人想 ê án-ne 講有名聲好 ê bak-khuh，taⁿ mā iáu koh leh 宣傳。落尾，i hông 政治化 liáu，變做共產黨 in 獨裁式 hit 款專有 ê 稱

---

[14] 雖罔對 toh 一 ê 條款 ê 內容 lóng 無了解，tảk-ke kāng-khoán 對關係成都會議 ê 內容有真 chē 憢疑（越南人慣勢 kā 講做成都協約），會 án-ne，tō 是越南政府到 taⁿ iáu teh am-khàm 消息。Tō 是 án-ne，m̄-chiah iáu 有寡 khah 普遍 ê 講法是，成都會議有講 tiỏh beh kā 越南 kap 做是中國 ê 一省 ê 路線圖。我相信越南一寡領導者 kā 黨 ê 存亡 hē tiàm 國家利益 ê 頂面，一寡要緊 ê 問題 lóng 驚死死讓 hō͘ 中國，致使有影響國家 ê 安全，總是我 iáu chhōe 無證據（直覺是）相信頂面講 ê 講法是正經 ê。

[15] 譯者註：法國殖民了後，基本 tẻk 越南 tō「脫離中國」ah。M̄-koh 尾手越南選擇做中國 ê 同志 chit 條路，hō͘ ka-tī koh tńg-khì 北屬時期一直 sòa 到 chit-má。

呼，chiâⁿ-chò in kap 世界其他多數 ê 國家 teh 交流 ê sî-chūn，有意識形態 chit 款 ê chng-chha。Che tō chhin-chhiūⁿ 君主制 kap 共和制，社會主義 hām 資本主義 in ê 區別 án-ne。

海洋石油 981 鑽油平台 ê 事件過 liáu，越南 kap 中國 in 政治往來 ê 文化內底，「同志」chit ê 詞 ê 運命 koh 一 pái 變 kah phēng toh 一 ê sî-chūn lóng khah 悲哀、好笑 hām 薄弱。早前 ê 政府 in hiah-ê 媒體 lóng 用「先生」、「貴下」chia ê 語詞 leh 稱呼中國 ê 領導者。過 20 冬 ah，che 是頭一 pái，tng 越南電視台 leh 報楊潔篪去河內 ê sî-chūn，i ê 名 ê 頭前無講「同志」chit ê 詞，tō 是 lóng 中國 chiah hō˙「同志」chit ê 詞變 kah chiâⁿ gāi-gio̍k。Kám 講過 chiah-nī chē ê 事件，中國 kek 一 ê lān-mōa 面、狼毒 ê 野心，soah 講互相是同志，chhiūⁿ chit 款 án-ne kám bē siuⁿ hàm-kó˙、siuⁿ giàn-thâu ah？有幾若億充滿自尊心 ê 越南人，in「決斷 m̄ 用神聖 ê 主權去換無實在 ê 友誼」，的確會感覺去 hông 侮辱 kap 規腹火。中國 ê 銃 kap 銃子藥 hō˙ 越南同胞 ê 死體 iáu tī 東南亞海 hia leh 流。無人會認同去 kap 侵略 ka-tī ê 國家、殺害 ka-tī ê 親人、同胞、兄弟 chiâⁿ-chò 同志，除非 ài 明確 kā 叫做敵人同志！

二國過幾若千冬 ah（thōng 無是到 1949 年進前），in ê 關係 tī 歷史內底 ê 事實有真清楚講越南人 m̄-bat kap 漢人是同志。Che 理由真簡單，tō 是中國 ê 利益 lóng 是 tiⁿ-tòe beh kā 越南侵占 kap 吞食。和平 tàu-tīn khiā-khí 是生存 kap 發展重要 ê 條件。M̄-koh 越南若想 beh kap 中國真正和平 khiā-khí，tō ài lóng bē-sái 靠 in。不而過想 beh án-ne，所有政治 ê 拍算，人民 ài lia̍h-chò 是 siōng koân ê 利益，展現 tī 有數百年目標 ê 國家戰略內底，是完全自由 kap 純然 ê 智識精英階級 ê 產物，bē-tàng 限 tī 少數人 ê 意識形態 kap kan-ta 是暫時 ê 議題 niā-niā。

無退路 ah。

任何講 khiā tī 有 beh kâng ê 意識形態 ah-sī 有黨派合作，互相 tō ē-sái 有密切 ê 關係 chit 款 ê hàm-ōe，到尾 kan-ta 是一款 tòe 中國 ê 劇本 tàuh-tàuh-á 自殺 niā-niā。

附錄四：大政客 Kám 講有權無恥？

　　無人燒疑講做一 ê beh óa 14 億人口 ê 強國頭人習近平先生是一 ê 大政客，chiâⁿ 好膽想 beh 做一場 ē-tàng 展 ka-kī ê 國家關係發展速度、經濟實力、軍事國防、領土面積 chia--ê ê「中國夢」。雖罔 kā khǹg tiàm「美國夢」邊 á ê sî-chūn，聽 tiȯh 有 tām-pȯh-á 好笑 kap 粗魯，m̄-koh 若 m̄ 是對 ka-tī chit ê 大政客 ê 角色有自信 ê 人的確 m̄ 敢 án-ne 講。Tō 算對寫 chit 篇文章 ê 作者來講，習先生 tō 是一 ê ài hō͘ 人免對 i sè-jī kā 趕出去 ê 侵略者。M̄-koh 論真講，chiâⁿ pháiⁿ kā 我阻擋講，我希望越南 mā 有一 ê chhiūⁿ i ê 遠見、本等 kap 斬截程度 ê 政客，帶領人民脫離 hō͘ 中國大 bong ê 影 chȧh kah 萬世 kap 永遠 ê 烏天暗地。Tō 是 i 是一 ê 壓霸 ê 政客，m̄-chiah i 足 ē-hiáu beh án-chóaⁿ 靠天下 ê 大亂替 ka-tī ê 中國人民 chhōe hó-khang，chhiūⁿ 講 chit-chām-á ê 5 月初 2，跤手 chiâⁿ 緊 tō tī 越南 ê 領海硬 kā 設海洋石油 981 鑽油平台，了後大聲講，he 是 tī ka-tī ê 領海做正當 ê 代誌？對權力是有 gōa 大 ê 自信，習先生 chiah 有才調 lóng 無 sio-tài-liām 去鎮壓 hiah-ê 敢向 tāi 漢要求 koh khah chē ê 自治權，in 舊底 hông 看做是「狄、戎」ê 人民 leh？

　　雖罔 tng-teh 起基 chiâⁿ-chò 強國，總是中華人民共和國 chit ê 國家 mā tng-teh 有 kòa 民族問題 ê 內部動亂 ê 危機。M̄-koh 靠勢 in 經濟增長、個人 ê 收入 koân、軍隊 kap 警察強 chia--ê，sio-kâng 無法度真正保證中國式 ê 政權 ē-tàng 穩定。Hiah-ê tī 北非發生 ê 代誌，bē-chió 國家 ê 收入是中國 ê 2 倍 ȧh-sī 3 倍，tō 算 hông 限制 mā phēng tī 中國自由幾若倍 ê 所在，chia--ê 習先生 tiāⁿ-tiȯh 真了解。便若 in 國家 ê GDP 成長 lȯh 到 5 pha（5%），án-ne 是幾若千萬 ê 中國人會失業，in 會作亂。Che tō

是 hō͘ 有人想 beh peh kah 足 koân，tō 用糞埽起一粒山，了後坐 tiàm 山頂，kan-ta 是 beh 滿足 thang 騎 tiàm 天下 ê 頭殼頂 hit 款感受，i ài 付出 ê 代價。Kan-ta 有幾場 á ê 遊行 tō 會 hō͘ 西藏、新疆、內蒙 chia ê 所在 ê 人民覺醒，想辦法脫離舊底尊存 ê 霸道政治 hit 款漢人 ê 壓迫、束縛，án-ne 中國 hit 款 háⁿ-thâu háng-sè ê 本質一下仔 tō 會 hông 看破跤手 ah。

Chiâⁿ-chò 世界級 ê 政客，in 對國內 hit-kóa 危機知知 leh。設使 chia-ê i iáu m̄ 知，我 tō 會講 hō͘ i 徹底了解：可比講一粒炸彈射去河內 ah-sī 西貢，越南人 tō 會 kā 各種武器 lóng chah ùi 邊界 hia 去；另外一粒炸彈 kā tàn 落去北京 ah-sī 上海，中國人 tō 會緊 bih tiàm 西藏 hia chhōe thang-hó 脫身 ê 所在，ah-sī 量早替 beh 投降 ê 文件 chhōe 看 beh án-chóaⁿ 寫。Lán，你 kap 我，tō 算講想 beh 用 chhiūⁿ 你 ê 行動，通過 chhiūⁿ 我 ê 想法去改變 ka-tī 人民 chit 款 ê 天性，che 是全然無步 lah。

總是 kap 你 ê 政治智識 saⁿ pí-phēng，he 是 bô-tap-bô-sap。Só-pái，chhiūⁿ 頂面講 ê 情形，我猶原有夠額 ê 證據 thang 相信你是一 ê 大政客。

M̄-koh 你 tú-chiah hō͘ 我 chit 款 ê 認定有 iô-choah。全世界 lóng 知影 siáⁿ-mih 款 ê 危險 ta̍k 工 tī 東南亞海 tō tng-teh 發生，i ê 起因是中國 ê 拗蠻去侵略越南 ê 領海。Tng 馬來西亞（Malaysia）納吉·阿都·拉薩（Najib Razak）總理用 iáu-bē kā MH-370 chit 條 siàu la̍p liáu ê 心態去北京會談 ê sî-chūn，因為 ài 極力以和為貴，só-pái 講一寡客氣話 hō͘ 主人歡喜，chit ê sî-chūn 中國 ê 大政客主席 tō 冷淡 teh 宣布講：「東南亞海 ê 情勢 kám 有平安？」

越南人 kā chit 款 ê 所做用無恥 chit ê 詞 kā 號名。

一 ê 大政客 kám 講有權 ē-sái 無恥？Chit ê 問題我 ka-tī 無才調 ìn，

因為我 m̄ 是一 ê 政客，只好請習先生替我 in。M̄-koh，我 ē-sái tòe 越南人普遍 leh 講 ê 意思替你解釋 lān-mōa chit ê 詞 tō 是講：I 暗指某某人做 pháiⁿ-tāi、sià-sì-chèng ê 代誌（chhiūⁿ 講偷提、白賊、欺騙、搶劫 chia--ê）soah m̄ 知 thang kiàn-siàu，i 是 tiàm 眾人 ê 面頭前 leh sí-phî-nōa-lô 講仁義、正直 ê 話。

對越南人來講，一 ê kāu 面皮、bē kiàn-siàu ê 臭人 kan-ta 值得人 kā phì-siùⁿ、憐憫 niâ，全然無 siáⁿ thang-hó 驚 lah。

附錄五：「特區法」ê 開關

國會 kā Chhih--lȯh 進前

無的確 tī 共產黨 chhōa-thâu ê 國會已經 kā 關係「特區法」ê 開關 chhih--lȯh-khì ah，ah-sī siáng 無按算 beh chhih 猶原 ko·-put-chiong ài chhih（chhiūⁿ 投票 leh 表決越南河西（Hà Tây）hām 河內首都 kap-chò-hóe sio-kâng），總是我 iáu 有耐性 kā tȧk-ke ke 講幾項 á 代誌。

Tȧk-ke bat 容允過設立 kúi-ê-á 國家經濟集團，理由是 beh 製造 chē-chē 飽力 ê 實力，帶領越南 tòe 會 tiȯh 韓國。Hit-chūn siáng 若講 kap in 無 kāng-khoán--ê，tō 會 hông 恐嚇講「政治部已經同意 ah」。Chit-má 看有 ah hoⁿh，經濟集團 ê 模式是國家 iáu-bē 有出路 ê 悽慘災禍，是中國 ê 廢物技術 tī 越南人 ê 頭殼頂絞風 siàng 雨 ê 歹物。Koh 本底是 beh chiâⁿ 緊 tō tòe 會 tiȯh 韓國，m̄-koh 事實是 lán 已經讓人幾若 10 冬 ah。

Tȧk-ke bat 容允過中國 tī 中部西原（Tây Nguyên）挖鋁土石（bauxite），mā 講是替國家 ke 預算創造收入來源 ê 理由。Hit-chūn ê 智識份子界 bat 試過 beh 極力 kā châm，lóng hō· tȧk-ke 當做是馬耳東風，hiah-ê kā 擋 ê 人 soah hông 認為是 teh 破壞 kap 做對頭。國會內底，設使有 siáng 講 kap in 無 kāng-khoán--ê，tō 會 hông 恐嚇講「政治部已經同意 ah」。Chit-má tȧk-ke 看有清楚 ah 無？蝕本（liáu chē ah）iáu m̄ 是 siōng 可怕 ê 災難。環境 hông kā 破壞 kah chiâⁿ 嚴重，che mā m̄ 是 siōng 驚人 ê 悽慘 tāi。請想看幾若 10 冬 ah，中國 hiah-ê 企業無 leh 做 seng-lí，是 leh 備辦 koh khah 大項 ê 代誌，tō 是侵占領土，án-ne tȧk-ke 的確

想有 siáⁿ-mih 代誌會發生，tō 算我正經燒疑大多數眾人 ê 智慧 kap 愛國 ê 心。

Ta̍k-ke bat 容允過台塑河靜（Formosa Hà Tĩnh）工業園區，一 ê 製造污染 soah sì-kè hông 趕 ê 經濟集團，入來占河靜（Hà Tĩnh）海岸 chit ê 重要 ê 保護區有 70 冬久，猶原用 kāng-khoán ê 理由講 beh 經濟增長、有發展力，替外商 ê 投資 leh 創造美好 ê 前景，hō͘ 一 ê sòng-hiong ê 地區 thang 興旺，koh 講 che 是 kā 潛能叫 hō͘ 醒，che 是 leh 提升實力 chia--ê。Chit-má ta̍k-ke 看 tio̍h 後果已經 tī 眼前 ah。我敢保證，台塑替 lán ê 國家創造 ê mih-kiāⁿ，kan-ta 是 in hō͘ 越南人失去 ê tām-po̍h-á[16] niā-niā。Koh-chài 講，70 冬 chiah 久 ê 時間，koh 會發生 gōa chē chhiūⁿ 發生過 hiah-ê 驚人 ê 事故，tòe leh 來 ê 是海洋 hông kā 污染，漁民 soah 失去 i ê 生活路，致使無人敢料想有才調控制 ê hit 款作亂。

我 m̄ 是一 ê 會 kâng 硬拗 ê 人，koh khah m̄ 是一 ê 民族主義 ê 信徒講一律排華。Tō 算去 o̍h 中國，m̄-koh tō 是越南領導者 ê 智慧、眼光 kap 中國 iáu 天差 kah 地 leh，m̄-chiah「真 chē 代誌」直直輸 hō͘ 中國。Che 是一項事實。M̄-koh，我代先想 beh 講 ê 事實是，m̄-bat chhiūⁿ chit-má chit 款，tī 橫逆 kap 貪心 ê tāi 漢 chit 隻獅 ê 眼內，lán tng-teh hō͘ ka-tī 變做人討掠 ê 目標。

Koh 有足 chē 其他 ê 例我無趣味 mā 無精神 kap 體力 kā 列出來，m̄-koh 我知影 ta̍k-ke lóng chiâⁿ 了解 ah。總是我已經有列 kap iáu-bē 列出來

---

[16] 台塑河靜煉鋼廠 tī 2016 年 4 月發生嚴重海洋污染 ê 事件，越南中部五 ê 省 ê 海域，落尾淡到南部地區，kui-ê lóng hō͘ 放去海 ê 有毒工業廢棄物 kā 污染，hō͘ 真 chē 魚 á 死去、sńg-tn̄g ài 數 10 冬 chiah 有才調恢復 ê 海底生態系統，致使包含 4 萬 1 千名 ê 漁民在內 ê 20 gōa 萬人無頭路。Chit ê 企業尾手 ko͘-put-chiong ài kā 越南人 hōe 失禮 koh hō͘ in 5 億美金 ê 賠償金。

ê 代誌，m̄ 是 beh 增加 ta̍k-ke 有 kap teh-beh 有 ê 侮辱，是 beh 提醒 ta̍k-ke ài 會記得，決定國家 ê 運命 kap 性命進前，有一項 koh khah 要緊 ê 問題：設立 ta̍k ê 經濟特區 ê 問題。我認為，社交媒體 siuⁿ 過頭 kā 關心、注意，流傳真 chē 相關 ê 消息，tng 媒體 kā 風勢吹 ùi 小後果 kap 大後果 chit 二款 leh 選擇 ê sî-chūn，會有 tām-po̍h-á hoe-kô-kô。授權 99 冬、70 冬 a̍h-sī 50 冬 m̄ 是主要 ê 問題。問題是現時 ê 情勢 kám 有必要設立 ta̍k ê 特區（ùi 發展趨勢、技術進步、國家環境 ê 需要 kā 看，特別是 tng lán，包含國會代表在內，chiâⁿ 清楚知影中國 tī chit ê S 字形 ê 土地 ài siáⁿ ê sî-chūn）？Kap 中國做堆，lán ài ta̍k 時刻記 hō͘ tiâu：條件有允准 ê 情形，in siōng 尾局 ê 目的是 kā kui-ê 越南變做是 in ka-tī ê 特區。我若是習近平，我 mā 會用中國人民 ê 利益 chit 款名義 án-ne 做。Só͘-pái（我 tng-teh kā 所有 ê 人民講），若 beh 怪 in 陰險（怪中國陰險 tō chhiūⁿ teh 怪 in 講 thài 有 15 億 ê 人口！），khah 輸先怪 ka-tī：是 án-chóaⁿ lán 會 gōng kah 鼻 á hō͘ in 牽 leh kiâⁿ；是 án-chóaⁿ lán 無 chhiūⁿ in hit 款有條有段 ê 好策略；是 án-chóaⁿ lán 欠 chhiūⁿ in hit 款有遠見 ê 領導者 chia--ê。Chit ê 問題無人有法度替越南人解決，除去 lán ka-tī，無人有過失。（我感覺 chiâⁿ 奇怪，tō 算到 chit-chūn，iáu 有人認為 lán tú tio̍h 困難 tō 去怪講 tō 是美國 lióng-thâu-kâⁿ、tō 是露西亞務實、tō 是印度無夠強、tō 是柬埔寨是雙面奸鬼、tō 是寮國 khah óa 中國、tō 是 tī 利益 ê 面前致使 ta̍k 國 chhuh-ba̍k chia--ê）。Chit ê 世界永遠 lóng 是 án-ne koh kan-ta 有夠 khiáu ê 人 chiah bē 變做人討掠 ê 目標，a̍h-sī thong 無 bē 變做是別人手內 gia̍h ê hit 支牌！

　　勞煩 mài kā 深圳 a̍h-sī 任何其他特區 in ê 成功 the̍h 來做有夠 thang 支持「特區法」ê 根據。Mā 無必要 lia̍h 某一 ê 所在 in 失敗 ê 模式做注

重反對意見 ê 憑準。Lán 應該參考世界 ê 經驗；lán ài 謙卑向任何人學習 chia--ê。總是，mā 到 kah 越南人 teh 做 hām 國家生死有關係 ê 決定；應該學習 ka-tī 獨立、免靠別人 ê 習慣 ê sî-chūn ah。Khiā tī chit 款 ê 精神，我認同記者輝德（Huy Đức）ê 看法，tō 是 lán 無需要經濟特區，無需要 tiàm 某一 ê 所在先 kā 考慮，hōʼ 國家本底 tō 分裂 ah，koh khah 有理由分裂。Lán 無應該 khai hiah chē 錢 kan-ta 是 beh 替 hiah-ê 違法 ê 人 kap 親友資本家[17]起造銅牆鐵壁 niā-niā！Tian-tò 是 lán ài 起造一 ê hōʼ taȟk ê 人民享受幸福 ê 生活、khah 好趁食 kap 人性化、充滿人文 ê 空間 lah。Mài koh kā 人民 chau-that ah，mài kā 人民舞 kah 虛 lè-lè，hōʼ in「會 khoʼ 雞，bē pûn 火」。Mài kan-ta 是 gâu-lâng 對眼前 ê 政治原則無趣味、áh-sī tng in bē-giàn kâng phôʼ-thàⁿ、拒絕 chhiūⁿ 鸚哥 án-ne 講話 ê sî-chūn tō kā in pàng-sak。Mài 創造一 ê chhiūⁿ chit 款 àu-kioh、無品行、痞貪 ê 官員 to ē-sái kā i ka-tī 變做是白蟻王后，sòa--lòh chhōa chit-tīn 白蟻 kā 國家 ê 環境剝削、侵占 chia--ê。Mā 勞煩 mài 想 beh 合合糊糊 tō kā 人民 thèh-khì 抵押。Kan-ta 需要 án-ne，國家自然 tō 會和平、會發展、會好額。Koh 早若知影鷹、梟、蛇、蠍 chit 類 ê 會先跳入去 siū，án-ne tō 無需要 koh 替「鳳凰 choh siū」ah。

　　我下底 ê 形容是替 hiah-ê 無想法 ê 人 chhoân--ê。Lán 已經有足 chē 證據關係 taȟk ê 大國，特別是 hit-kóa 靠暴力 kap hùn-tōa 領土 leh 興旺 ê 大國，in tō 是需要 ê sî-chūn，tō 去 chhōe 對 in 有利 ê 法律 koh 逼 taȟk 國 ài 去接受。按 chit 款方式，漢人 tō kā 西藏占去 ah。Tòe chit 款方式，

---

[17] 作者補充：是 leh 講 chit-tīn kap 當權者有特別關係 ê 人。Chhiūⁿ 講兄弟、bó-kiáⁿ、朋友 chia--ê ê 企業家，有才調 tī seng-lí ê 利益、資源分配、製造機會 chia--ê leh hōaⁿ-pôaⁿ koh 提出政策 thang ùi chia 有錢變好額。親友資本家 chiâⁿ 普遍，主要是 tī 獨獨一黨，無其他反對黨 ē-tàng kā 監督 ê 國家。

露西亞會永遠 kā 克里米亞占去。世界無法度拯救西藏，só-pái，世界早慢 mā ài 接受露西亞人 taⁿ-á 創造 ê 現實（ta̍k-ke hoān-sè mā 看會到 ah）；按 kāng-khoán ê 方式，過幾若 10 冬，tng 有幾若萬 ê 中國人趁機會用「特區法」經商 ê 名義（事實是按中國殖民 ê 方式 kā lām--loeh），sòa--lo̍h tī 雲屯（Vân Đồn）死豬 tìn 砧 hit-chūn，無法度 kā in 控制，無法度趕 hō͘ in 走，中國會要求越南 hō͘ in 雲屯（Vân Đồn）、芒街（Móng Cái）chia ê 地區 ê 自治制度。靠勢 in 是大國，發生衝突 hit-chūn，in kám 願意用保護中國人民利益 ê 名義派軍隊介入？若是發生 chit 款情形，lán 後代 ê 囝孫 ē-sái chhòng sáⁿ？一百冬 ah-sī 一千冬 ê 抗議對 kā 土地討 tńg--lâi 無 siáⁿ-mih 款 ê 幫贊。Tō 算是露西亞人 mā bē-sái 無警醒中國用 chit 款方式 kā 遠東地區 ê 一部份變做是「漢族」ê 自治區，só-pái lán 無理由無對 chia ê 災禍 ke 10 倍防守、抵抗。若 án-ne，設使「特區法」hō͘ i 通過，che 是國家新 ê 一輪擾亂時期開始。Án-ne 內部政治 tō 分裂、lû-chhán-chháng；若是主權，tō 是白白 kā 一隻 iau-ki ê 虎 chhōa 入去厝內，等 i kā ka-tī 拆食落腹！先失去雲屯（Vân Đồn），koh 來是下龍（Hạ Long）chia--ê；中國戰船 kā 中部海岸 kui-ê 封鎖 koh 威脅講，若發生衝突 tō kā 國家分做二 pêng。Chit 款代誌會 phēng siōng bái ê 按算 koh khah 早發生。

Ta̍k-ke kám 有先問 ka-tī mā 知影人民 leh 問講：是 án-chóaⁿ 國會對「特區法」hiah-nī 熱心？一 phō kha̍p tio̍h 國家 ê 安全、人民 ê 生死、到未來後代 ê 生活 ê 法律，thài 會 teh 討論、teh 聚集民意 hit-chūn 會 chiah-nī 趕狂？越南人 ê 頭殼 lóng seⁿ tī toh ah？我無想 beh 做一 ê lām-sám 講 ê 人，m̄-koh 我相信的確有 m̄-tio̍h、無了解 ê 代誌。過無幾工，用 siōng koân 權力 ê 機關做名義，列位 ē-sái 無顧民眾 kap 精英階級 in 全部 ê 反

對 kap 操煩，kā 通過「特區法」ê 開關 chhih--loeh。總是我 beh 誠心 kā 列位苦勸，做 àu 演員 kèk-ke 是好笑 niâ，só·-pái，beh 顧飯碗 chiah 去 poaⁿ 戲，hoān-sè ē-sái 接受。Ḿ-koh tng 列位 chiâⁿ 了解 àh-sī 感覺 chit 款 ê 可能性足 koân ê sî-chūn，m̄-thang hō· ka-tī chiâⁿ-chò 罪人。人民 ē-sái 原諒所有 ê 罪過——tō chhiūⁿ 歷史 bat 表明過 ê hit 款——除去 kun-tòe 陳益稷（Trần Ích Tắc）kap 黎昭統（Lê Chiêu Thống）ê 咬步掠外。

附錄六：御用文人[18]ê 文告

（借一位護國元老祖先 ê 話）

我 bat 聽講 lín 是社會 ê 精英。

總是，現此時 lín 大多數 lóng kan-ta 坐 leh 看敵人來侵門踏戶 soah m̄ 敢出聲，國家 hông 侮辱 soah bē 無面子 m̄ 知 thang kiàn-siàu。

做一 ê 讀冊人 bat giảh 毛筆寫，祖先 ê 俸祿賞賜豐盛，án-chóaⁿ lín 看敵人 teh 做惡質 ê 代誌 soah m̄ 知 thang 受氣；看 in teh siàu-siūⁿ beh 生食人民 soah m̄ 知 thang 預防；聽有歡迎敵人 ê phòk-á 聲 soah m̄ 知 thang 憤怒？

M̄-nā án-ne，lín koh 驚死死、pēng 官靠勢。

看 hoⁿh，有人 kui 工專心 teh 寫 phô-tháⁿ、po-so ê 文章，siōng 主要是 beh kā hiah-ê「驢耳 á」[19]phô-phô-tháⁿ-tháⁿ，soah bē 記得百姓 ê 艱苦；有人 kā ka-tī ê 經歷 chng-thāⁿ，phô-phô-tháⁿ-tháⁿ ko͘-chiâⁿ 人 thang hông 看 chiūⁿ-bảk，當做 án-ne 是 ē-hiáu 看勢面；有人 kan-ta 知 piàⁿ-sè 起別莊、起好額厝，beh 滿足 kā 天下間 ê 人展寶風神 ê 慣勢；有人按算勾結豺狼，絞群結黨求私利，做「特區法」後壁山 ê 利益，chit-tīn 人 in ê 目的 kan-ta 想 beh 炒不動產 thang 替 ka-tī 積聚錢財 soah bē 記得 án-ne 會 hō͘ 百姓有危險；有人貪愛參加研討會、開會發表立場，chhùi

---

[18] 「御用文人」是中國政治犯、2010 年 tiỏh No͘-bé-luh（Nobel）和平獎 ê 劉曉波在生進前 tiāⁿ 用 ê 語詞。

[19] 作者補充：Ùi 希臘神話 ê 寓言故事來 ê，暗指越南 hia ê ham-bān ê 官員。

無 thàng 心肝，白白布染到烏，kā 無才情、無德行 ê 人 phô˙ chiūⁿ 天，tian-tò 做人該當 ê 行仁義、積功德 ê 代誌 soah pîn-tōaⁿ 做。

我問 lín：若 hiông-hiông 有蒙韃（Mông Thát）敵人 a̍h-sī 其他 hông 講是異族 ê 侵入，án-ne lín 會 án-chóaⁿ 做？

Lín hiah-ê o-ló、讚揚 ê 文章、用抄 ê 論文、kâng hó˙ ê 報告、假學歷、假證書、獎狀、勳章、黨證、貴賓卡 chia--ê，kám 有法度 kā chit 隻 tāi 漢 ê 豺狼趕 hō˙走?

Lín ê 度假村、別莊 kap 享受 ê 所在 kám 擋會 tiâu hit-kóa 中國狗黨用糖 á ké-pâu ê 戰車？Só˙-pái，我 kā lín 講：

天、地、海 kap 曠闊美麗 ê 自然景緻 lóng 是祖先 ê 香火，留 hō˙ 全部 ê 越南人 m̄ 是任何 toh 一 ê 人。全部 tō kan-ta 有 chia niā-niā，só-pái lán ài 拚命 kā 留 leh，代先是 hō˙ 萬世 ê 後代囝孫，sòa--lo̍h 是 hō˙ chit-phiàn 江山 kap 天地永遠 tī-teh。若想 beh 有 thang 食，tō ài 互相苦勸去食頭路，m̄-koh 若有 toh 一 ê 人 kā 土地一寸一尺賣去，mā 是犯叛國罪，ài hông lia̍h 去 thâi。Hiah-ê 受過教育、beh ài ka-tī ê 利益、beh ài 榮華富貴、beh ài 空殼名 soah 看 tio̍h 錯誤猶原無天良 leh kā am-ô˙、顧 ka-tī ē-sái 榮華富貴 ê 人，án-ne chit 款人活 leh mā 算死去 ah。

光榮、sià-sì-chèng lóng ka-tī 主裁，蒼天恬靜 khioh 無所不知，祖先賞賜 ê 神劍對叛徒 bē kā 顧情面。

Ài 記 hō˙ tiâu，mài 怪我講無先 kā lín 提醒。

HĀM TIONG-KOK CHÒ CHHÙ-PIⁿ

HĀM TIONG-KOK CHÒ CHHÙ-PIⁿ

HĀM TIONG-KOK CHÒ CHHÙ-PIⁿ

HĀM TIONG-KOK CHÒ CHHÙ-PI^n